関西学院大学神学部ブックレット 8

教会とディアコニア

第49回神学セミナー

関西学院大学神学部◎編

木原活信
藤井美和
岩野祐介
平田　義
山本　誠
小柳伸顕
中道基夫

キリスト新聞社

巻頭言

関西学院大学神学部ブックレットは、毎年二月に行われている「神学セミナー」の講演と礼拝を収録したものです。

この神学セミナーでは、神学的なテーマを扱って学ぶということよりも、現代において神学や教会が対峙している問題、また神学や教会自身が問われている問題を取り上げ、神学者だけではなく、その問題の専門家にも話を聞き、対話をしつつ神学することを目指しています。また、教会の現場からの声も聞き、現場での具体的な神学の展開を目指すものでもあります。さらに、そのテーマを礼拝としてどのように表現することができるのかを試みています。

神学部ブックレットの一つ一つのテーマの上に、一つの組織だった神学があるわけではありません。一つの根本的な神学を啓発するためにセミナーを開催しているわけでもありません。むしろ、現代はそういう「the 神学」というものが崩れ去った時代であろうと思います。

かといって、もはや神学に希望がないわけではありません。むしろ神学部ブックレットの各号で扱われている課題やそれとの神学的対話が一つのタイルとなり、それが合わさってどのようなモザイク画が出来上がるのかが期待される時代なのではないでしょうか。

このような神学的な試みを、ブックレットというかたちで出版する機会を提供してくださったキリスト新聞社に感謝申し上げます。一人でも多くの方がわたしたちの取り組みを共有し、今日における神学、教会、宣教の課題を多様な視点から共に考え、新しい神学の絵を描く作業に加わっていただければ幸いです。

関西学院大学神学部

謝辞

二〇一四年度はわたしどもの神学部にとって記念の年でした。一八八九年に関西学院とともに創設された神学部の一二五年を祝う年であったのです。さらに、ただ祝うだけでなく、わたしどもは未来にむけて新たな展開をしようと協議をかさね、二〇一五年四月から「ディアコニア・プログラム」をスタートさせました。ディアコニアとは「奉仕」を意味するギリシア語で、聖書の言葉です。このプログラムはキリスト教系の福祉施設で働く人材育成をめざして構築されました。これまで神学部の卒業生のなかから福祉施設で働く人はいましたが、組織的な教育課程はありませんでした。そこで、そのような人材育成を新しくプログラムとして実施することにしたのです。

このプログラムの実施に先立ち、二〇一四年度の第四九回神学セミナーは「教会とディアコニア」という主題で開催しました。同窓をはじめ、各地から大勢の参加者をえて、セミナーはとても活気にみちたものとなりました。基調講演をしてくださった同志社大学の木原活信先生、また本学人間福祉学部の藤井美和先生、そして神学部の岩野祐介先生、また現場のさまざまな意見を交わすシンポジウムのパネリストを務めてくださった平田義先生、山本誠先生、小柳伸顕先生、いずれもご多忙にもかかわらずお引き受けくださったこと、この場を借りてお礼を申し上げます。

そして、ここにお届けするのはこの神学セミナーの記録です。先生方の熱のこもった、充実したお話が再現されています。このセミナーをとおして、今日、社会福祉施設で働くひとの育成をめざす「ディアコニア・プログラム」の大切さをあらためて認識し、わたしもまた学んでいきたいと思いました。福祉の根本にあるキリスト教のこころは何か、本書をとおして考え、汲みとっていただければと願います。

二〇一五年一二月一五日

関西学院大学神学部長
土井健司

目次

主題講演 1

教会と社会福祉

今求められるものは

木原活信

木原活信（きはら・かつのぶ）

同志社大学社会学部教授。
著書：『「弱さ」の向こうにあるもの』（いのちのことば社）、『社会福祉と人権 』（ミネルヴァ書房）、『J・アダムズの社会福祉実践思想の研究――ソーシャルワークの源流』（川島書店）、『ジェーン・アダムズ』（大空社）、『対人援助の福祉エートス――ソーシャルワークの原理とスピリチュアリティ』（ミネルヴァ書房）。

はじめに

教会と社会福祉について考える上での私自身の問題意識を、あらかじめ共有させていただこうと思います。

一点目は、教会派と社会派が分断してしまっている点です。つまり、これは正常なことなのか、そもそも福音と社会の接点、それは何かという点です。

二点目は、歴史的にキリスト教は社会福祉と一体として歩んできたと言えるが、福祉国家以降の政教分離によって分断してしまった両者が、再び市民的公共圏の時代にいかに共に手を携えるのか、別の言い方をすると、喪失してしまったキリスト教のダイナミズムをどのように回復させるのかという点です。

三点目は、今日の教会は、かつて抱いていたパッションを喪失してしまっているのではないかという点です。「パッション」とは、「情熱」であり、一方で「苦難」とも訳せます。それは、他者と共有する場合、「コンパッション」（他者の苦しみへの共感）となりますが、今、日本の教会にこの感覚があるのかと危惧しています。

四点目は、教会は本当の意味で地域に仕えているのか、つまり、イエスのように隣人のところ（地域）に自ら出かけているのかという点です。

1　教会のミッションとしてのディアコニア

教会（エクレシヤ）のミッションの三つの柱とは、基本的に、①宣教〈ケリュグマ〉、②奉仕〈ディアコニア〉、③交わり・礼拝〈コイノニア〉であると私は理解しています。表現の違いはあっても、おそらくどこの教会でも基本は同じではないかと思います。

1　ディアコニアとは

そのようななかで、本日の議論の対象となる柱が、②のディアコニアです。ディアコニアは、社会福祉と直結しますが、聖書では「奉仕」と訳されています。この訳語が適切かどうか分かりませんので、今日はあえてカタカナのまま使います。このディアコニアは、教会形成のなかでも根幹をなすものであると思います。ただし、今日の教会用語の「奉仕」という場合、それがあまりに矮小化して捉えられすぎている傾向があります。たとえば教会で「奉仕」と言えば、多くの信徒が連想しているのが、教会の掃除をする、CSの担当をする、オルガンの演奏をするなどです。むろんそれらは一つ一つ大切な「奉仕」ですが……。

ところが、ディアコニアの本来の意味には、教会内の「奉仕」も当然ありますが、教会外の社会に対する教会の働き、あるいは社会的責任という意味も含まれます。これは、①のケリュグマとも連動してきます。

2　自ら出かけるということ

先の問題意識の四点目と重なりますが、現代の日本の教会は、学校に生徒が集まるように信者が集まって、椅子に腰掛けて牧師の説教を聞く、つまり牧師が「講義する」がごとき「場所」というイメージになってしまっているようです。これはかつて隅谷三喜男先生が批判された現代の日本の教会のイメージと重なりますね。

しかし、福音書に記されたイエスの宣教は、「会堂で説教するから、足を運んで聞きに来なさい」という発想はあまりない。むしろ自分のほうから出かけていくということに主眼があります。排除されて鎖でつながれ、墓場でひとり叫んでいるゲラサの男のところへも、イエスは訪ねていきました。あるいは、姦淫の現場で捕らえられた女性の現場にも居合わせるというのがイエスの宣教の基本スタイルです。

先日、ＮＨＫ特集で、アフガニスタンのレシャード医師が興味深いことを言われていました。彼は過疎の村々を巡回して訪問診療しているのですが、この訪問診療こそが医師の本来の姿だと言うのです。近代医学は、皮肉にも、苦しむ者のほうが時間をかけて医師のところへやって来て治療を受けないと医療サービスは受けられない。そして、病院や医院で長い時間待たされても、数分間だけ診てもらうという医師主導のパターンがあたりまえのようになっています。本来の医学というのは、医師のほうが病む者のベッドサイドへ出かけていって治療すべきだと言うのです。

実際上はやむを得ないが、医療の本質とはそういうものであることを忘れてはならないと指摘しておられました。

ここにはディアコニアの本質的な意味と共通点があるように思います。それは、相手を中心に考えて、相手の困っているところに出かけていってサービスしていく。これがディアコニアの基本です。宣教も同様でしょう。

ところが、今日の教会はどうでしょうか。はたして自ら地域に出かけていっているでしょうか。「話を聞きに来い」と言わんばかりの態度になっていないでしょうか。このように自らが出かけていく姿勢は、イエスの宣教命令にも沿うものかと思います。

2　今日の教会が抱える課題

さて次に、問題提起として、今日の教会が抱えるいくつかの社会福祉に関する具体的な課題について、ご一緒に考えたいと思います。

1　「障害があるから教会へは行けません」

さまざまな媒体で福祉思想を発信している私に対して、多くの方々からの便りが届きます。特に、障害を持っている方々やマイノリティーと言われる方々の声が多くあります。

日本では、障害者福祉に関するさまざまな法律・制度のもとで一定の施策がなされるようになってきていますが、いまだ障害者に対する根拠のない差別や偏見は根強いものがあります。ようやく国連の障害者権利条約を二〇一四年一二月に批准して、国家としてもそれに向けた誠意ある対応を迫られることになりましたが、特に注意すべきは、障害を持つ人々への「社会的排除」の問題です。

かつて精神障害を持つ人々に対して呉秀三（精神科医）が、「わが国十何万の精神病者はこの病を受けたるの不幸のほかに、この国に生まれたるの不幸を重ぬるものというべし」（『精神病者私宅監置ノ実況及ビ其統計的観察』一九一八年）と述べましたが、これは日本の社会全体の闇の部分を象徴しており、残念ながら教会も例外ではありません。

私に寄せられた声のなかには、次のようなものがあり心を痛めました。

「息子は自閉症なので、教会には集うことができません」

「性的マイノリティーであることを告白したら、態度が豹変しました」

「発達障害ゆえに、牧師や教会員に奇異に思われて、交わりには入れてもらえません……」

「表向きは優しい声はかけてもらえるが、でも深くかかわろうとすると、実際は迷惑なようで……」

これが事実とするなら、このことに対してイエスは何と言われるでしょうか。おそらく、その人たちを排除しようとする教会に対して激しく叱責し、憤られるのではないでしょうか。あるいは、そこで排除された人々のために共に涙を流されるのではないでしょうか。

2　四人の仲間と中風の人――マルコ福音書二章より

こういう声に耳を傾けていると、福音書のエピソードを想起します。四人の仲間が「中風の人」をイエスのもとに連れてくるために屋根をはがしたという記事です。

しかし、群衆に阻まれて、イエスのもとに連れて行くことができなかったので、イエスがおられる辺りの屋根をはがして穴をあけ、病人の寝ている床をつり降ろした。

（マルコ二章四節）

当時のイスラエルの屋根は、現代の日本の家屋の形態とは違うから、こんなことが可能だったとする意見もあります。実際、そのとおりなのでしょうが、この描写は、四人の特殊な行動に注目すべきこととして記載されたのでしょう。この四人の「情熱」を、今日、教会はどう読むべきなのでしょうか。

ところで、イエス自身と当事者と四人の仲間のほかに、群衆、律法学者が登場します。今日で言えば、群衆は会衆（信徒）や求道者であり、律法学者は牧師や神父（聖職者）、あるいは教会の役員、長老たちのことになるでしょうか。

ここで群衆は意図せず、この「中風の人」がイエスに近づくことを妨げてしまっています。もちろん彼らは、「そんなことはしていない。私はただイエス様の言葉をお聴きしたいだけ」と答えるでしょう。そのとおりかもしれません。しかし、妨げるつもりはなくても、そこには苦しむ隣人への無関心、無理解、眼中に入れていない姿が見てとれます。

律法学者はどうでしょうか。これはもっと罪が重い。状況を把握しておきながら、「ところが、そこに律法学者が数人座っていて、心の中であれこれと考えた」（同六節）とあるように、傍観者のように「座って」眺め、自らは何も手は出さずに、「理屈」を考え（新改訳）、イエスを冷ややかな目で批判していたのです。これが宗教家であったとは、なんと嘆かわしいことでしょうか。本来、この状況を理解し、苦しむ者の傍らにもっと近くいて、群衆を説得してでも、神（イエス）のもとへ誘う役割と責任を帯びているはずです。しかし、残念ながらその逆でした。

これに対してこの四人は、常識を顧みず、イエスのもとへその友を連れてきました。イエスは、「その人たちの信仰を見て」（同五節）とあるように、この四人が持っている、他者の苦しみへの情熱と愛（コンパッション）を感じ、そこに礼拝の本質を感じ取って、喜んで迎え入れたのでしょう。

私たちは律法学者のように、屁理屈を言っていないでしょうか。群衆のように結果的に邪魔する者になっていないでしょうか。自戒しつつ、教会の戸の外で排除されたマイノリティーと言われる人たち、さまざまな障害を持って苦しむ隣人たちの孤独と涙に目を向けたいと思います。

3　「キリスト教と社会福祉」の「と」という課題

このような問題の深層に迫りたければ、やはりそれは神学的課題の多少ややこしい説明に立ち入らざるを得ません。

1　社会派と教会派？

今日の日本のキリスト教界は、「社会派」と「教会派」に二極化する傾向にあり、残念ながら両者の間は疎遠になってしまっています。神学議論はさることながら、宣教ということから言えば悲劇であり、聖書が示す教会の姿からも乖離していると言わざるを得ません。このことを正面から問う必要があります。

私自身、立場上、いわゆる「社会派」と呼ばれる教会・団体から意見を求められることもたびたびありますが、そのときは「意外にも」聖書信仰を土台に、積極的に宣教することを鼓舞します。逆に「教会派」と呼ばれる教会・団体では、人々の苦しみと社会の現実にもっと向き合うように強調することがあります。何かアマノジャクのように矛盾しているように思われますが、私なりの「イエスに従い、倣う」という一つの確信によることです。

2　嶋田啓一郎の賀川豊彦の批判

そんな問題意識を考える際に、どうしても「教会とディアコニア」という場合の、両者を結ぶ「と」について考えないといけません。このセミナーの主題にもなっている「教会とディアコニア」における「と」の問題は重要かと思います。同志社大学の故・嶋田啓一郎先生がこだわった、「キリスト教と社会福祉」の「と」の問題も同じでしょう。私自身は個人的に嶋田先生に影響されています。詳細は、木原（二〇〇五ａ）「福音と社会の結合（「連字符」）――嶋田啓一郎の言説をめぐって」という論文で明らかにしていますので、それを参照してもらえればと思います。

嶋田は不気味なことを言っています。

福音的なるものと社会的なるものとを結ぶ通路は、気味悪い深淵の間を縫いゆく迷路でもあって、いつしか信仰のともがらを奈落の底に連れ込もうとする。しかもキリスト者は、この道を避けて通ることはできない。（嶋田、一九七一：九）

「奈落の底」とはいかにも怖いイメージですが、一方で「しかも」と続けているように、まことのキリスト者（教会）としてはそこを通らざるを得ないというのです。

嶋田自身は、かつて「社会派」の先人と言われた中島重の影響を受け、また賀川豊彦の直弟子であり、その実践を理論化した人物であると言えます。つまり、中島、賀川は、嶋田にとっての恩師であり、その生き方から多大な影響を受けています。

私は、中島重先生の門下生として、その主唱された「社会的キリスト教」に重要な時代的意義を認めている。まして中島理論に神学的基礎を与えた賀川豊彦先生の信仰と社会思想に、生涯抜くべからざる深い影響を受けていることを、光栄に思う者の一人である。（中略）しかし、賀川神学、中島思想の根幹を為す宗教的思惟と社会的思惟との連関の追求が、聖書の終末論的理解の軽視という重大な弱点をもつことを看過すべきではない。（中略）その自由神学的基調のもつ人文主義的精神局面への誘惑は、否定すべくもないのである。

（嶋田、一九七三：三四）

しかしながら、キリスト教の福音と社会（福祉）との連関に関する学問への問い、すなわち、福音と社会の連字符であるハイフン（「と」）の問題においての嶋田の執拗なこだわりは、先輩である中島、賀川の両名に対して徹底的に批判するという姿勢を通して自らの思想を確立させたと言えます。

3　キリスト教と社会福祉の「と」について

それでは、「キリスト教と社会福祉」の「と」について、嶋田はどう考えていたのでしょうか。以下は、一九七三年に主張した言説の抜粋です。

キリスト教と社会福祉の関係（嶋田の提示する発想を筆者なりの解釈で類型化したもの）

		神学的主張	特徴	問題点	聖書的根拠	代表的人物や教派など
1 積極的肯定の論理	A 楽天的活動主義	福音と地上生活の結合する楽天的パトス。自由主義神学	歴史自体を神の国実現の場たらしめる	安易な結合、終末論の欠如、神の現実化と人間化		ラウシェンブッシュ、 中島重、 賀川豊彦
	B 宗教的敬虔主義		社会秩序の原則的肯定	政治的利用手段としての宗教に化す可能性	Iテモテ 4章4節	国教会など
2 罪の悲観主義に基づく消極的否定の論理	A 諦観的静寂主義	神的可能性と人間的可能性の区別。 歴史世界と神の国の断絶	消極的な忍従主義	教会と社会の分化現象、神的可能性と人間的可能性は区別		無教会、 クエーカー
	B 二重道徳的分離主義		この世の秩序と信仰の秩序の二元論的態度		ローマ 12章2節	福音派の教会
	C 修道院的厭世主義		俗世を離れての清浄生活		IIコリント 6章14-15節	修道院
3 終末論的社会行動に身を挺する「宗教的リアリズム」		「創造の世界」と「栄光の世界」の中間に「恩寵の世界」を置く	聖書信仰、福音主義倫理の真髄	奇跡的な事柄（きわめて実現が難しい）	エペソ 2章8-10節	カール・バルト

出典（木原、2005a：9）

私たちキリスト者は、「キリスト教社会福祉」あるいは「キリスト教社会事業」の存在を、歴史的事実として受け取り、その存立可能性を、ごく当たりまえのことと考えている。

私たちは、いま此処で「キリスト教社会福祉学会」の名において会合し、社会福祉におけるキリスト教的独自性に心魂を傾けようとしているのであるが、その「キリスト教」と「社会福祉」とを結ぶ連字符（hyphen）が、実は解決困難な疑問性を担っていることを、先ず率直に認めなければならない。

「キリスト教」と「社会福祉」とは一体どのような接点をもち得るのか。それに的確に答え得ないならば、私たちの日本キリスト教社会福祉学会そのものが、その存在の足場を確立し得ないのみではなく、学会存続よりもさらに重要である私たちのキリスト教的社会実践自体が、理論的根拠を見失うことともなるであろう。（嶋田、一九七三：一）

このように嶋田は、神学と社会科学の方法論上の接合の難しさを率直に認めています。その上で、これまでのキリスト教と社会福祉の接合の仕方を三つの類型で説明します。

①積極的肯定の論理、②罪の悲観主義に基づく消極的否定の論理、③終末論的社会行動に身を挺する「宗教的リアリズム」の論理、の三類型です。より分かりやすく私の解釈を加えるなら、①は嶋田が批判する中島、賀川らの立場であり、②は一般的に福音的教会が持っている伝統的な立場であり、③は嶋田自身の主張であると言えます。

つまり、①と②の立場を止揚した上で、それらとの差異化を図ることで、嶋田は自らの思想の根拠を明確にします。この立場に立つことではじめて、キリスト教と社会福祉の接合という連字符が神学的に「奇跡」的な接合となって初めて可能になると「預言」しているように思います。この方法以外は、楽観的な妥協の産物か、教会やキリスト教界の社会への責任放棄か、怠慢にしかならないという厳しい姿勢です。

4　愛せないことからはじまる社会福祉

最終的に嶋田は「キリスト教と社会福祉」の「と」の問題について以下のように結論づけます。

> 人間的可能性の限界告白を不可避とする聖書的終末論の観点に立って、社会的活動の楽天主義的自己陶酔に組みすることを厳に戒めるけれども、そのことは、罪の悲観主義にゆえに諦観的な無行動主義に陥ることを意味しない。この世を創造と救済の信仰において直視する新しき人は、善き業への果敢なる展開の絶頂に立つときのみ、その人間的可能性の限界告白に、真実の意義を担わしめることができる。
>
> （嶋田、一九七三：一〇）

ここで言う「人間的可能性の限界告白」という言葉ですが、バルト神学に親しみのある関係者にはすぐに伝わるのでしょうが、一般には少々分かりづらいかもしれません。私なりに説明すると、「我々は本当に愛することができるのか」という問いに置き換えられるかと思います。

今から四半世紀前のこと、嶋田先生のご自宅に伺って、愛するということの意味を問うたとき、「キリスト者にとって愛するというのは、愛せないという、その自覚からはじまる愛のことだと思います。それが世俗の社会福祉との決定的な違いだと思います」と教えてくださったことを鮮明に覚えています。当時、キリスト教信仰による社会福祉というのは当然に「愛すること」から出発するものだと思っていた私には、予想もしなかった意外な言葉であり、まさに意表を突かれた答えであったと覚えています。

料金受取人払

牛込局承認

7237

差出有効期間
2017年6月1日
まで
（切手不要）

162-8790
東京都新宿区新小川町9-1
キリスト新聞社
愛読者係 行

お買い上げくださりありがとうございます。
今後の出版企画の参考にさせていただきますので、ご記入のうえ、
ご返送くださいますようお願いいたします。

お買い上げいただいた**本の題名**

ご購入の動機　1. 書店で見て　2. 人にすすめられて　3. 出版案内を見て　4. 書評（　　　　　）を見て　5. 広告（　　　　　）を見て　6. ホームページ（　　　　　）を見て　7. その他（　　　　　）

ご意見、ご感想をご記入ください。

キリスト新聞社愛読者カード

ご住所　〒

お電話　(　　　)　E-mail

お名前　性別　年齢

ご職業

所属教派・教会名

図書目録　要・不要

キリスト新聞の見本紙　要・不要

このカードの情報は弊社およびNCC系列キリスト教出版社のご案内以外には用いません。
ご不要の場合は右記にてお知らせください。
・キリスト新聞社からの案内　要・不要
・他のキリスト教出版社からの案内　要・不要

ご購読新聞・雑誌名

朝日　毎日　読売　日経　キリスト新聞　クリスチャン新聞　カトリック新聞　Ministry　信徒の友　教師の友　説教黙想　礼拝と音楽　本のひろば　福音と世界　百万人の福音　舟の右側　その他(　　　)

お買い上げ年月日　年　月　日

お買い上げ書店名

市・町・村　書店

ご注文の書籍がありましたら下記にご記入ください。
お近くのキリスト教専門書店からお送りします。
なおご注文の際には電話番号を必ずご記入ください。

ご注文の書名、誌名　冊数

冊

冊

冊

当時はその真意を十分に理解できませんでしたが、今となっては私の福祉哲学の原点となりました。他者を愛そうと必死になって、結局、愛することができないという挫折感と「弱さ」への自覚、そこには絶望感すらあります。しかしそれは、開き直って、もう何もしないというようなニヒリズム（虚無主義）ではない。愛せないという弱さの自覚からはじまる愛、それはもはや自力によって達成されるような愛ではなく、神の愛しかないという徹底的な他力という発想の転換への入り口でもあるように思います。これがキリスト教と社会福祉をつなぐ鍵になるのではないかと思うのです。

確かに、福祉領域で困っている人を「愛します」とか「寄り添う」などと、政治のスローガンのように言うことは簡単です。善きサマリア人の譬えのイエスと律法学者の問答のなかで、神への愛と隣人愛を教科書的に話した相手に対してイエスは、「それを実行しなさい」と突き放したような解答をしたのではないかと思います。ここでのイエスの求めは、それを実行しようとしたとき、つまり真摯に困窮者へ向き合ったとき、はじめて気づく、「愛せない」弱い無力な自分との出会い、それに直面させようとしているようです。それでもなお、「愛せよ」とイエスは迫るのです。その愛は、ヒューマニズムの限界に突き当たって分かる真の愛、それは神の愛への扉でもあります。キリスト教社会福祉が言う「アガペーの愛」というのは、ヒューマニズムを超えたところからはじまるこの神の愛。「愛せないことからはじまる社会福祉」です。

4　社会福祉とキリスト教の関係の変遷史

次に、日本において教会と社会福祉の関係はどうあるべきかという点を、もう少し別の角度から考えてみたいと思います。特にここでは、教会と社会福祉の関係について大きく三つに区分して歴史的に概括していきたいと思います。

1　その起源と変遷

社会福祉は、歴史的にも、思想的にも、宗教が密接に絡んでいます。特にそのルーツには宗教的基盤が濃厚、あるいは一体であったと言えます。社会福祉の歴史形成過程は、「宗教的慈善→博愛→社会事業→（厚生事業）→社会福祉」という変遷を辿ります。その原初形態は宗教的な「慈善」（charity）と呼ばれるものです。特に欧米では、アガペー的な愛他行為に源流を持つキリスト教的慈善（charity）がその起源にあり、それが変遷して今日に至っています（木原、一九九八年）。とりわけ、英米の一九世紀末から二〇世紀初頭におけるプロテスタンティズムの慈善事業家の影響は、近代福祉を確立させる上で甚大です。

日本では当然ながら仏教的伝統などもありますが、近代以降に欧米の宣教師や同志社の新島襄らのキリスト教の影響を受けて、明治期にキリスト教的慈善を起点にして、それ以降、急速に発展していきます。
社会福祉の施設・機関を見ても、それらは宗教的基盤に立脚した施設が多く、特に先駆的な働きをなした施設等は、キリスト教系が圧倒的に多いのです。つまり、社会福祉においては、その成立過程の実践場面において、キリスト教が社会福祉と密接にかかわり、相互に強く関与していたと言えます。

とりわけ、明治から昭和初期にかけての日本の福祉実践あるいは研究の先駆者と言われる人物の大半が、熱心なプロテスタントであったことは注目されるべきです。日本では、クリスチャン人口は現在でも一パーセント未満と言われる少数派のなかで、代表的な社会福祉関係者がこれほどいるというのは驚くべきことです。実践家としては、石井十次、留岡幸助、山室軍平、石井亮一、矢島楫子、賀川豊彦などで、研究者では、竹中勝男、生江孝之、嶋田啓一郎、竹内愛二などがあげられます。現在であれば阿部志郎先生などもそうでしょうが、いずれもプロテスタント的信仰が濃厚に見られる人物です。つまり、日本の近代の社会福祉の基礎を担った人物たちですが、少数派であるキリスト教徒が福祉界の先駆者の大半を占め、中枢を担っていたことは特筆すべきです。

このような人々に共通しているのは、善きサマリア人的エートスや、小さい者のなかにイエス自身を見出す（マタイ二五章）、あるいは九九匹の羊の譬えなどの福音書的世界を、当時の社会問題、社会状況にそのまま応用して、神の義（ヘセード）として社会的正義を実現させるべく、アガペー的愛に献身した点です。そのようななかで繰り広げた慈善事業、社会事業が、今日の日本の社会福祉の起源となっています。たとえば、石井十次の岡山孤児院、救世軍の山室軍平、留岡幸助の北海道家庭学校などは、今日の社会福祉の基礎をなしています（木原、二〇〇三年）。

これら民間の働きが社会に働きかけ、結果的にそれが現在の社会福祉施設や実践の基盤を形成しました。これらは戦後、社会福祉法人として形をかえて継承され、事業自体は存続していることになりますが、宗教性という意味において大幅な変更が余儀なくされていきました。

2　福祉国家をめぐるキリスト教の位置づけの変化

しかし、戦後になって、福祉国家体制がはじまり、「措置の時代」（国家による弱者の庇護というコンセプトで、国からの補助金を各施設等へ分配する運営）では、憲法に定める「政教分離」が徹底されることになり、宗教を中心に運営していた社会福祉施設は、後退、あるいはそれが微妙（宙吊り）な位置に置かれることになりました（余儀なくされたと言うべきか）。たとえば日本では、戦前は宗教団体によってはじまった民間運営の福祉施設等も、法制度によって整備され、民間の社会福祉法人の傘下に置かれることになりました。これは先述したとおり、政教分離原則を厳格に適用したゆえです。

こうして結果的に、戦前からの福祉事業を継続しようとするほとんどの福祉施設が、社会福祉法人の傘下に入ることになりました。戦前の施設経営は主に篤志家の寄付に頼っての綱渡り的運営、自転車操業であったのに比べれば、国の庇護を受けることになり、比較にならないほど経営基盤が安定し、規模も拡大されることになります。しかしそれは、キリスト教にルーツを持つ社会福祉法人にとって、その設立時に根幹をなしていた信仰理念が大きく変化（後退）、世俗化せざるを得なくなるということです。その結果、その基盤として保持してきた各施設の理念である宗教信条などを根幹とするアイデンティティが拡散されていくことになります。実際に、そういう事態にさいなまれている施設が多くなっています。創設者の理念により、形式上、宗教を保持するが、実際の運営資金の大半が国からの補助金であり、それゆえに厳格な規定、指示のもとで運営することを余儀なくされ、結果的に宗教的色彩は弱まっていくことになります。

正面玄関に大きな十字架を掲げていた老人ホームに対して、管轄する行政から、「十字架をはずすように」というような指導、助言が入ったという例も聞いています。国家によって福祉が標準化され、国家化されたことによる社会福祉の飛躍的な「発達」は、宗教の側から見れば、社会福祉との関係の希薄化、世俗化、そして断絶へとつながっていきます。

ただし、組織形態としての変遷や宗教の後退は、決してネガティヴな点だけではなく、官僚化された福祉政策の整備のもとで、利用者から見れば、公共の福祉サービスが一律に行き渡り、どの施設を利用しても一定の水準のサービスを受けられることを意味するわけですから、処遇の面は格段に改善したとも言えます。

3　現代の新しい位置づけ——新しい公共の時代と教会

ところが、二一世紀に入り、欧米の先進福祉国家では、財政面において福祉国家が批判されはじめます。「ゆり籠から墓場まで」の福祉国家の先陣であり、多くの近代国家のモデルであったイギリスでは、サッチャー政権による福祉予算の大幅カットという方向転換は、新自由主義思想の台頭とあいまって、ほかの先進国各国も追随し、その福祉政策に大きく影響してくることになります。

日本の社会福祉界も例外ではなかったと思います。財政難による福祉国家の曲がり角により、政府自体が掲げた方針転換による二〇〇〇年の社会福祉基礎構造改革以降の変化は、社会福祉界にとって大きな変革となりました。ここで議論の中心となっているキリスト教においても、重要かつ新しい歴史の流れが到来しようとしています。

それは、国家の庇護という措置制度から、市民的契約に基づく新しい社会福祉制度へと大きく方針転換しようとしている点です。つまり、「公から公共へ」という、いわゆる市民的公共圏の出現あるいは拡大です。これにより、好むと好まざるとにかかわらず、福祉実践においても、かつてのように国家主導の措置的な福祉ではなく、市民的公共圏という文脈のなかで新しい公共的な福祉空間が到来することが期待されています。

それはまた、プライバタイゼーション（民営化）の波と合わせて、国家の責任や役割が大きく後退しようとしているとも理解できます。社会福祉学、社会政策の論者においては、この福祉のプライバタイゼーションによって、本来の憲法二五条に定める国家責任が曖昧とされ、社会福祉の根幹にかかわる問題であるとの非難があるのも事実です。いずれにせよ、民間の力や、企業の参入とともに、新しい波がおこりつつありますが、ここで議論しているキリスト教それ自体の役割にも、改めてスポットがあてられるようになったことに間違いありません。残念ながら教会は、この大きな変化や期待にあまりにも無関心のように思え、必ずしも大きな動きとはなっていないのが現状です。

キリスト教界がこのことに自覚的であるかどうかは別として、キリスト教と福祉の関係においても再び新しい風が吹こうとしているのです。具体的には、従来の社会福祉法人が独占してきた福祉サービスに、ＮＰＯ法人のみならず、株式会社まで含めた多種多様な事業者が参入できるようになっています（一種事業等においては制限はあるが）。これにより、理屈の上では、教会やお寺も事業者として福祉実践に関与することが可能となりました。つまり、再び教会が福祉の事業主体者として積極的にかかわる機運が生まれたのです。

5　新しい公共圏のなかでのキリスト教による福祉実践

以上、三つの区分で歴史の流れを説明してきましたが、今日、教会と社会福祉の関連では、実際にどのような組織形態として実践していくべきなのかという点が重要になってきます。つまり、二〇〇〇年の社会福祉基礎構造改革以降、新しい公共が強調されるようになり、教会もそのなかで活動することができるようになったのです。その際、どのような組織形態で、どのように実践するのかが問われてくるのだと思います。

行政や法制度の間隙にあるこれらの問題に迅速に対応できるのは、結果的に新しい公共圏のＮ

ＰＯなどであると考えられます。これらの詳しい議論は、木原（二〇〇五年ｂ、二〇〇七年、二〇〇八年）、稲垣（二〇〇四年、二〇一二年）を参照してください。

1　組織主体が何であるのか

キリスト教がかかわる場合、その組織主体（法的根拠）がどうなるかということが大切です。例示すると、伝統的にはまずは社会福祉法人です。これは先述したとおり、補助金の性質上、国家行政の関与を受けやすいものになります。次に、目下注目されているのがＮＰＯ法人ですが、ＮＰＯは市民的公共圏のなかで、社会福祉法人に比べて自由に動きやすい。また今日では、宗教法人のまま教会が関与することも理論上可能です。あるいは、キリスト者である個人が自由にかかわっていくということもありえるでしょう。つまり、伝統的な社会福祉法人、ＮＰＯ法人等、宗教法人（教会）、個人という主体です。

以下では、従来の社会福祉法人による組織形態ではなく、牧師の強いリーダーシップのなか、ＮＰＯ法人を結成して、教会（宗教）もそれに主体的に参画して社会的活動に尽力している事例と、宗教法人のまま社会福祉にコミットしている事例を紹介したいと思います。

2　白浜レスキューネットワークの取り組み

藤藪庸一牧師（白浜バプテストキリスト教会）が創設した特定非営利活動法人・白浜レスキューネットワーク（和歌山県）の事業は、ＮＨＫの「プロフェッショナル　仕事の流儀」で近年紹介され、反響を呼んでいるので紹介するまでもないかもしれません。自殺予防領域において今最も注目されている実践の一つであるとも言えます。

一九七九年、当時の白浜バプテストキリスト教会の江見太郎牧師によってはじめられた「白浜いのちの電話」に起源を持ち、一九九九年にその働きを現任の藤藪牧師が引き継ぎ、二〇〇五年、「白浜レスキューネットワーク」（NPO法人）として立ち上げたものです。

これまで一三年間で五〇〇人以上の自殺未遂者の社会復帰を実現してきました。二〇一〇年実績では九三人を保護し（共同生活者二〇人）、そのうち五八人が二週間以内に家族のもとに帰り、二五人が自立を果たしています。運営資金は、一民間事業であるため、当初は教会を母体として、信者や篤志家からの献金によって成り立っていましたが、近年は公的な補助金として地域自殺対策緊急強化基金等が活用されています（藤藪、二〇一一年）。

自殺予防にかんする電話相談事業、電話相談員の育成、白浜三段壁の見回り、自殺未遂者の保護、そして自殺企図者の集いの運営等の自殺予防活動を行っているほか、「放課後クラブコペル君」のなかで、子供のときから基礎学力と社会性、人間関係を学ぶ機会も提供する教育的な活動実践も行っています。主体はNPO法人ですが、藤藪牧師の教会がそれを全面的にサポートしているのが特徴です。教会と社会福祉がNPO法人を媒介として見事に結実している例と言えます。藤藪牧師の信仰的パッションの受け皿として地域教会があり、それを教会のミッションとして受け止めているというイメージかと思います。

3　抱樸の実践

特定非営利活動法人・抱樸（旧北九州ホームレス支援機構）は、路上生活をしているホームレスの支援活動を行っています。東八幡キリスト教会の奥田知志牧師が中心的にかかわっている福祉実践です。従来の社会福祉法人による活動でもなく、また行政の活動でもない、新しい市民的公共圏のなかで、奥田牧師が、教会のみならず、市民や行政に働きかけた、NPO法人によるボランタリーな市民運動です。「ひとりの路上死も出さない。ひとりでも多く、一日でも早く、路上からの脱出を。ホームレスを生まない社会を創造する」というモットーのもと、大きく以下の三つの事業の柱をもって実践しています（奥田、二〇一一年）。

①いのちを守る基礎的支援（炊き出し、物資提供、保健・医療支援、人権保護）、②自立支援（相談支援、自立支援住宅、ホームレス自立支援、居宅設置支援、就労支援、保証人確保支援）、③ホームレスを生まない社会の形成（自立生活支援、ボランティア養成、情報発信・啓発、社会的協働・連携）というのが活動です。

一九八八年一二月に教会関係者が福岡日雇労働組合員と共同で野宿労働者の調査を実施し、九〇年に北九州越冬実行委員会が発足したことに起源を持ちます。炊き出しなどの食事提供、居宅提供、就労支援などを実施しているだけでなく、ホームレスを生み出す社会そのものを防ぐために地域、行政と連携して取り組んでいます。

奥田牧師の発想で特徴的なのは、ホームレスとハウスレスを厳密に区別する点です。ホームレスは「関係の困窮」すなわち絆が切れた人々＝無縁であり、ハウスレスは物理的な住居の困窮です。「ホームレス支援は、物理的困窮＝ハウスレスとの闘いであると同時に、この無縁＝ホームレスとの闘いでもある」（奥田、二〇一一年三七）。そして、それぞれの当事者が本来の意味での「〝ホーム〟の回復」ができるまで支援していこうとするところに特徴があります。本来のホームの回復には、「神の国」実現としてのキリスト教的な社会福祉実践を垣間見ることができます。

カトリック、プロテスタント問わず、地元の多くの教会が参加しており、キリスト教（教会）と福祉事業が綿密に絡んでいる連携に成功している事例であり、これはまさに、教会と社会福祉の関係がＮＰＯ法人を介して結実した例と言えるでしょう。

4　教会そのものが宗教法人として実践する例

また近年、教会自体の宗教法人等による福祉実践も注目を集めています。東京基督教大学の井上貴詞氏らが実践している土浦めぐみ教会（日本同盟基督教団）の例です。

ここでは、福音信仰を基盤として、福音宣教としての伝道は当然であるが、一方で地域の子供からお年寄りまで、福祉サービスも実践しています。かといって、伝道のためにいわゆる「福祉を手段化」しているわけではなく、愛をもって地域に仕えることを通して神の業に参画しています。障害児を受け入れる「マナ愛児園」（幼稚園）、「森の学園」（フリー・スクール）という教育事業、介護保険制度に対応した高齢者の「喜楽希楽サービス」では、教会員が「介護職員となってお年寄りを支え」地域に仕えています。こうして平日にも教会が地域に開かれて、賑わっています。

また今年から教会敷地内に、「福祉館しおん」という建物も建設し、障害者ケア開始の準備もしています。こうして、児童、障害、高齢者という福祉サービスを通して地域に仕えつつ、教会自体も着実に成長を遂げています。このように教会が地域に仕えていることは、新しい市民的公共の時代の宗教と社会福祉の関係のモデルでもあります。

ほかにも、京都の「バザール・カフェ」、「ミッションからしだね」など、キリスト教と社会福祉におけるユニークな実践が増えています。まさに新しい時代を予感させます。

結びにかえて——新しい歌を歌いたい!

以上、お話ししてきましたように、ポスト福祉国家にあって、措置から利用者とサービス提供者の契約へと至るとき、「新しい公共」という実践空間が生まれてきつつあります。つまり、国家が主体であった措置的発想から、市民が主体となって自由に空間を創出することができるようになってきたのです。そこに、新しい時代のキリスト教の福祉の意義を示す必要が出てきたということを、教会関係者に声を大にしてお知らせしたいと思います。

確かに、この基礎構造改革には諸課題が山積しています。特に、国家の財政的な破綻を、その公的な責任を回避して、市場に委ねようとする点は、批判なしに受け入れることはできません。この政治的問題は、別のところで本格的に議論したいと思いますが、ただやみくもにそれを批判して「反対のための反対」をするのではなく、具体的にどんな対案を示して展開し、発展させるのかを明確に示すような建設的な議論をすることが重要だと思います。

これまで国家責任のもとで、福祉に無関心でおれた福音派の教会、あるいは世俗化した社会的キリスト教の福祉実践は、いずれにしても今の時代に、教会派や社会派という二元論の呪縛から解放されるときが来たと思います。今それぞれが真摯な選択を迫られているのではないでしょうか。なぜなら、良きにつけ悪しきにつけ、措置制度という柵と縄目（国家による保護）から解放されて、自らの自由な信仰と主体性が試される時代となったことには間違いないからです。福音派は、回避してきた社会の現実に向き合い、その公共圏で責任主体として身を置き、「地の塩」としての宣教をどう積極的に果たすのかが問われていると確信します。社会派のキリスト教は、喪失しかけたキリスト教の信仰のアイデンティティを今一度回復して、国家保護下に安穏とするのではなく、そこから出でて、自由な公共空間のなかで主体的に活動することが求められていると思います。「イクソダス」をした以上、もはや、措置制度という「エジプト」に帰ることはできない。「荒れ野」を彷徨いつつも、「ヨルダン川」を越えなければならないと思います。

教会とディアコニアとしての福祉的働きは確かに、「奈落の底」を通らねばならない「荊のみち」かもしれません。しかし、それを通して地域を支えるとともに、教会自体にも、信仰者自身にとっても、発展、成長への一歩になるものであると確信しています。

今日の教会を蝕む偏狭な狭い教条主義的態度や自己中心から脱却するよう、「岸へ漕ぎ出でよ」と言われる主イエスの誘いに耳を傾け、イエスとともに船に乗り込み、そこに嵐を経験しようとも「失われた人」を捜しだすという宣教の働きとディアコニアが一体となるとき、どれほどの祝福が伴うことでしょう。

そして、「新しいぶどう酒は、新しい革袋へ」と言われた方は、マクグラスが「今や、考えるキリスト教徒たちはバビロン捕囚に終止符をうち、エルサレムに帰還するときであろう。エルサレムで、われわれ自身の言葉で、シオンの歌を歌うために」(McGrath, 2000=2003:216) と主張したように、今、日本の教会に対して、「新しい歌」を歌うように求めておられると思うのです。

参考文献

稲垣久和『宗教と公共哲学――生活世界のスピリチュアリティ』東京大学出版会、二〇〇四年

稲垣久和『公共福祉とキリスト教』教文館、二〇一二年

奥田知志『もう、ひとりにさせない』いのちのことば社、二〇一一年

河幹夫「社会福祉の公共性と信仰」共立基督教研究所編『Emergence 創発』一〇巻三号、二〇〇五年

嶋田啓一郎『福音と社会』日本基督教団出版局、一九七一年

嶋田啓一郎「民間社会福祉の本質的課題――公的サービスとの批判的協力関係について」同志社大学人文学部編『評論・社会科学』四号、一九七二年

嶋田啓一郎「キリスト教と社会福祉の接点――キリスト教社会福祉の成立のために」『キリスト教社会福祉学研究』第六巻第一号、一九七三年

木原活信『J・アダムズの社会福祉実践思想の研究――ソーシャルワークの源流』川島書店、一九九八年

木原活信「キリスト教の世俗化と社会福祉の生成」嶋田啓一郎監『社会福祉の思想と人間観』ミネルヴァ書房、

一九九九年
木原活信『対人援助の福祉エートス――ソーシャルワークの原理とスピリチュアリティ』ミネルヴァ書房、二〇〇三年
木原活信「福音と社会の結合（「連字符」）――嶋田啓一郎の神学をめぐって」『キリスト教社会福祉学研究』第三七号、四―一三頁、二〇〇五年a
木原活信「社会福祉構造の変革と公共空間の創出」共立基督教研究所編『Emergence 創発』一〇巻三号、二―八頁、二〇〇五年b
木原活信「福祉原理の根源としての『コンパッション』の思想と哲学」日本社会福祉学会学会誌『社会福祉学』四六―二号、二〇〇五年c
木原活信「公共圏のなかのキリスト教福音派の福祉実践――公共哲学的視座」『Emergence』一一巻三号、三二―三九頁、二〇〇七年
木原活信「キリスト教実践に立つ社会福祉実践と新しい公共圏――A. E. McGrath の神学を手がかりに」日本キリスト教社会福祉学会学会誌『キリスト教社会福祉学研究』第四〇号、二七―三九頁、二〇〇七年
木原活信『社会福祉と人権』ミネルヴァ書房、二〇一四年
齋藤純一『公共性（思想のフロンティア）』岩波書店、二〇〇〇年
佐々木毅・金泰昌編『公共哲学』全一〇巻、東京大学出版会、二〇〇一―二〇〇二年
島薗進『現代社会とスピリチュアリティ』弘文堂、二〇一二年
高田眞治「社会福祉の内発的発展の課題と展望（Ⅲ）――社会福祉の創発　あらたな公共性」『関西学院大学社会学部紀要』七六号、一九九七年
藤藪庸一「特定非営利活動法人　白浜レスキューネットワーク（和歌山県）の取組」総務省『平成二三年度自殺

対策白書』四四—四六頁、二〇一一年
山折哲雄「『政教分離』再考」『世界「宗教」総覧』新人物往来社、一九九三年
山脇直司『公共哲学とは何か』筑摩書房、二〇〇四年
山脇直司『社会福祉思想の革新』かわさき市民アカデミー出版部、二〇〇五年
Canda, E. R., & Furman, L. D.(1999), *Spiritual Diversity in Social Work Practice: The Heart of Helping: the Heart of Helping*. Oxford University Press. 14(3), 289-301.
Jürgen Habermas(1962), *Strukturwandel der Öffentlichkeit. Untersuchungen zu einer Kategorie der bürgerlichen Gesellschaft*『公共性の構造転換』第二版（細谷貞雄ほか訳）未来社、一九九四年［原著一九六二年、新版一九九〇年］
McGrath, Alister. (2000) *The Journey: A Pigrim in the Lands of the Spirit*. G K Hall & Co. 稲垣久和・広田貴子訳『信仰の旅路』いのちのことば社、二〇〇三年
McGrath, Alister. (2003) *A Scientific Theology: Volume 3 – Theory*. (Edinburgh: T. & T. Clark). 稲垣久和監訳『ポスト・モダン世界のキリスト教』教文館、二〇〇四年
ＮＰＯ法人北九州ホームレス支援機構　http://www.h3.dion.ne.jp/~ettou/npo/top.htm（二〇一一年一〇月一日閲覧）
ＮＰＯ法人白浜レスキューネットワーク　http://jimotoryoku.jp/shirahamarn/（二〇一一年一〇月一日　閲覧）
白浜バプテストキリスト教会　http://www.aikis.or.jp/~fujiyabu/（二〇一一年一〇月一日閲覧）
土浦めぐみ教会　http://church-tmc.jp/（二〇一四年一〇月一日閲覧）

講　演 1

苦しみと寄り添い

人への関わりとは

藤井美和

藤井美和（ふじい・みわ）

関西学院大学人間福祉学部教授。
著書：『死生学と QOL』（関西学院大学出版会）。
共著：『生命倫理における宗教とスピリチュアリティ』（晃洋書房）、『たましいのケア ──病む人のかたわらに』『輝く子どものいのち──こどもホスピス・癒しと希望』（いのちのことば社）。
共訳：『ソーシャルワークにおけるスピリチュアリティとは何か』（ミネルヴァ書房）、他。

苦しみや痛みをもつ人に関わろうとする時、私たちはまず、目の前のその人のもつ苦しみについて理解する必要があります。そして次に、その苦しみにどのように関わるかを考えなければならないでしょう。ここでは、まず「人の苦しみ」について考え、そのような苦しみをもつ人への「関わり」とはどのようなものか、キリスト者の立場から考えてみます。

1　人の苦しみとは

「苦しみ」や「痛み」という時、それは一様ではありません。苦しみや痛みは、人間をどのように捉えるかによって異なります。ここでは、人を「全人」（Whole Person）と捉え、そこから人の苦しみや痛みを見てみましょう。

全人としての人

「全人」としての人は、四つの側面（身体的、心理的、社会的、スピリチュアルな側面）から捉えることができます。つまり、人は、身体的存在であり、心理的存在であり、社会的存在であり、そしてスピリチュアルな存在であるという理解です。この捉え方は、保健・医療・福祉の領域ではすでによく知られているものです。またこの理解は、世界保健機関（WHO）の立場でもあります。

人は身体をもった身体的存在です。しかし、私たちは身体だけでなく、さまざまな感情をもち、ものごとを考え、認知し、ある時は喜び、ある時は落ち込みます。このように、人は心をもつ存在でもあります。また、人間は、身体と心だけをもった存在ではなく、社会的側面、つまり社会性をもって存在しています。社会的存在としての人間とはどのようなものでしょう。

人は一人で生きているのではなく、多くの関係性をもって生きています。そして、その関係性において、さまざまな役割を担っています。たとえば、家族という最も小さな社会では、父、母、子どもとしての役割をもっていますし、地域では町内会の役員や、子ども会の運営委員等の役割をもっているかもしれません。また職場では、会社の部長の役割や、ＮＰＯの評議員の役割をもっていることもあるでしょう。また教会では、牧師としての働きや教会員としての働きもあるでしょう。このように人はさまざまな社会関係の中でその役割をもって生きています。これが社会的存在としての人間です。

そして、人は、スピリチュアルな側面からも捉えることができます。身体的、心理的、社会的存在としてだけでなく、たましいをもったスピリチュアルな存在だという考え方です。ボディ、マインド、スピリット（Body-Mind-Spirit）といわれるように、古来から人は、心と体とたましいが統合された存在だと理解されてきました。しかし、一七世紀に始まった西洋の科学大革命によって、ボディとマインドだけが科学の対象となり、科学で実証されにくいスピリットの部分は切り落とされてしまいました。ですから現代社会は、ボディとマインドは理解できるものとされ、関心が寄せられる一方で、スピリットやスピリチュアリティは、実態のない分からないものと敬遠されがちになっています。しかし、本来の人間は、このたましいの部分（スピリチュアリティ）が、全人としての人間を支えていると考えられていました。人間の苦しみや、生きる意味を考える時、実はこのスピリチュアリティが重要な役割を果たしています。スピリチュアリティについては、後に詳しく説明します。

全人としての人がもつ痛み

人は、それぞれの側面において痛みや苦しみをもち、それに対処する手立てをもっています。たとえば、病気やけがによって起こる身体的痛みは、手術や投薬などの医学的な処置によって治すことや軽減することが可能です。それによって人は身体的痛みから解放されます。

心理的存在としての痛みは、不安、不眠、落ち込みや、感情のコントロールができないというような心の病として現れます。そのような場合は、心療内科や精神科の診断により、投薬、心理療法、またカウンセリング等を受けることで、痛みを和らげたり、症状とうまく付き合っていくことが可能になります。

社会的存在としての痛みは、自分自身の役割が果たせないことで生じます。身体や心の病、経済的破綻、家族関係の崩壊、さまざまな生活上の困難によって、人はその社会的な足場や機能を失うことがあります。それに伴い、社会的な痛みが生まれます。そのような痛みにもさまざまな支援があります。社会資源を使うことやソーシャルワーカーの介入等はその例です。特にソーシャルワークは、人とその環境の間に起こる相互作用に介入し、その人が問題に向き合っていけるようエンパワーしていくものですから、社会的存在としての人に対する重要な支援であると考えられます。このように、身体的、心理的、社会的痛みには、それに対処する社会の仕組みが準備されています。

では、スピリチュアルな存在として人がもつ痛み（スピリチュアルペイン）とはどのようなものでしょう。実は、人の苦しみを理解する時、このスピリチュアルペインへの理解は極めて重要です。なぜなら、スピリチュアルペインは、すべての苦しみの背後にある痛みであり、人間の根源的な痛みといわれるものだからです。そして、この痛みは、その対処法が、他の三つの痛みのように、あらかじめ準備されているものではありません。その意味で、スピリチュアルペインは他の痛みと根本的に異なっていると考えられます。

2　スピリチュアルペイン

では、スピリチュアルペインとはどのような痛みでしょうか。

私の体験

私は大学卒業後、マスコミで働いていました。自分自身望んでいた仕事でしたので、忙しい毎日でしたが、やりがいを感じていました。ところがある日突然、右の後頭部がハンマーで殴られたように痛くなり、同時に左手もしびれ出しました。あまりにも突然のことだったので、同僚に頭痛としびれを訴えると、「それは低血圧だからだ。低血圧の人はみんなそういう症状をもっているものだ」と言われ、私自身も「そんなものかなあ」と、その日は何とか仕事を終えました。ところがこの時始まった麻痺はどんどん進行し、私は三日間で全身麻痺になり、救急病棟に入院しました。

入院した時にはすでに指の一本も動かず、瞬きもできない状態で、息もできなくなっていきました。すぐにたくさんのチューブが付けられ、治療が始まりました。ところが、全身麻痺であっても、意識障害がなかったため、自分の状態や周りの状況はすべて理解することができました。ただ、自分から反応を示すことがまったくできない状態でした。救急病棟に家族が呼ばれ、医師から説明を受けて泣いている姿も見えました。

ベッドサイドに来た主治医は私に病気の説明をした後、「藤井さん、どんなことでもしてあげるから、今晩だけは頑張りなさい」と言われました。その時私は、自分自身が死に直面していることを理解しました。

救急病棟に運ばれる直前まで私は、「自分の人生は充実している」と思っていました。しかし、死に直面して私の心の奥底から湧き上がってきたのは、仕事のことではなく、「私は何のために生きてきたんだろう」、「私の人生は何だったのだろうか」という問いかけでした。また、「私はこれまでの人生で、何か人のためにしたことがあっただろうか」という思いも湧き上がってきました。三日前までは、仕事によって社会貢献しているという気持ちがありましたが、それも考えてみれば、自分自身の自己実現という名のもとに、自分のためにしていたことに気付きました。いちばん身近にいて支えてくれていた家族のためにすら何もしていないと思うと、涙が溢れて止まりませんでした。しかし、全身麻痺の私は涙を拭くこともできませんでした。

翌日、主治医から「藤井さん、もう死にませんよ」と言われた時、私は生きていられたことが嬉しく、涙が溢れました。しかし主治医のその言葉は、次のように続いていました。「藤井さん、もう死なないけれど、一生寝たきりか、一年後に車椅子に乗れたらよいほうだと思ってください」。それを聞いた時、私には新たな苦しみが生まれました。「そのような私に生きていく意味があるのだろうか」。まだ若い私が一生寝たきりで生きていくとすれば、誰かが私の世話をすることになります。それは間違いなく家族です。「何もできない自分が生きていることで家族の重荷になるのではないか」。そう思うと、また苦しくて涙が溢れ出しました。

死に直面した時の「何のために生きてきたのか」「私の人生は何だったのだろうか」という苦しみは、人間存在の根底が揺るがされる痛みです。これがスピリチュアルペインといわれるものです。存在そのものの痛みともいえるでしょう。このスピリチュアルペインは、死に直面してのみ生まれるものではなく、生きることに直面しても生まれます。一命を取り留め、主治医から「死なないけれど一生寝たきりか、一年後に車椅子」と言われたとき生じてきた「生きている意味があるのだろうか」という苦しみもまた、人間存在そのものが揺るがされる痛みです。このように、スピリチュアルペインは、死に直面しても、生きることに直面しても生じるものなのです。

しかし、この種の痛みは、身体の痛みや心の痛みを訴えるようなかたちで他の人に訴えることがほとんどありません。スピリチュアルペインに苦しむ人は、あまりに深い痛みであるため、簡単に人に話すことができなかったり、聴いてくれる人がいないと感じていたり、話しても分かってもらえないという思いをもっていることが多いのです。

しかしスピリチュアルペインは、他の三つの痛みから独立したものでなく、日常生活で起こる身体的、心理的、社会的痛みをきっかけとして生じるものです。あるいは、身体的、心理的、社会的痛みの背後に、いつも存在している痛みともいえるでしょう。しかしながら、他の三つの痛みと異なり、この痛みは、専門家の介入や身近な人の助けによって解決するものではありません。たとえば、投薬によって生きる意味を見出すことができるかというと、そうではありません。カウンセリングやソーシャルワーカーの介入によって、根源的苦しみから完全に解放されることもないでしょう。

スピリチュアリティ

スピリチュアルペインを理解するために、スピリチュアリティについて考えてみましょう。まず明確にしておかなければならないのは、ここでいうスピリチュアリティとは、マスコミやサブカルチャーでいわれる、占いやチャネリングを代表とするような「スピリチュアリズム」とは異なるものだという点です。

スピリチュアリティの定義については、さまざまな議論がありますが、ここでは私自身の理解を中心に話を進めます。スピリチュアリティとは、人間存在の根源を支える領域であり、それは、「意味」と「関係性」に集約されると考えられます。つまり人間存在の根拠は、「意味」と「関係性」によって満たされるということです。

「意味」とは、自分の存在やいのちに意味を見出すことであり、それによって人は生きることを肯定することができます。また「関係性」とは、人間が、何らかとの関係性の中で自分の存在を見出していくというものです。周りの人たちに支えられ生かされていると感じることや、神様や大いなるものにいのちを与えられ生かされていると感じることなどは、関係性の中で自分の存在を見出しているといえるでしょう。スピリチュアリティを、人間の根源を支える「意味」と「関係性」の領域であると理解すると、スピリチュアルペインは、その「意味」と「関係性」における苦しみだということになります。

「意味」の領域が痛む時、その苦しみは、「私に生きる意味があるのだろうか」、「何のために生きるのだろうか」という自分自身への問いかけとして表れます。また「関係性」の痛みは、「私は誰にも必要とされていない」、「私なんて、いてもいなくても何も変わらない」といった苦しみとして表れます。ですから、人間の根源を支える意味と関係性（スピリチュアリティ）が満たされないことによって、「生きていても仕方ない」、「死んだほうがよいのではないか」という存在そのものの苦しみ（スピリチュアルペイン）が生じると考えられます。

このような痛みは、どんな人も一度や二度は感じたことがある痛みではないでしょうか。たとえ、自分は感じたことがないという人でも、このような痛みをもっている人が身近にいることを知っているのではないでしょうか。スピリチュアルペインは、見えにくいだけで、あるいは見ようとしないだけで、実は身近なものなのです。

3　スピリチュアルペインの特徴

普遍性と潜在性

スピリチュアルペインは、身体的、心理的、社会的痛みをきっかけとして生まれる痛みです。身体や心の病気をきっかけにして、「生きる意味があるのだろうか」、「社会において自分の存在に意味があるのだろうか」という苦悩が生まれます。貧困や障害のために社会から排除され、まるで存在しないかのように扱われる人たちもまた、自己存在の意味を失って苦しむことがあります。歳を重ね、身体機能や認知機能が低下し、多くのことを人に助けてもらうようになっていく時、「生きる意味などない、早く死んでしまいたい」と苦しむ高齢者もいるでしょう。また、最も愛されるべき親から虐待される子どもは、「なぜ親に愛してもらえないのだろう、こんなことなら生まれてこなかったらよかった」と思うことがあるでしょう。あるいは、愛する配偶者を亡くした人は、「愛する人のいない人生に意味などない」と、生きる意欲を失ってしまうこともあるかもしれません。また、逆に、人を傷つけた人の中には、「どうやって償ったらよいのだろう、自分は人間として存在する意味などない」と苦しむ人もいるでしょう。これらはどれも、人間の存在そのものを揺るがすスピリチュアルペインです。そして注目すべきことは、このような事柄は、ソーシャルワークや社会福祉が対象とする事柄だということです。ソーシャルワークはスピリチュアルペインに敏感でなければならないのです。このように、スピリチュアルペインは三つの痛みから独立したものでなく、生活のあらゆる場面において、三つの痛みの背後に存在するものなのです。

さらにスピリチュアルペインは、状況の変化や特別な出来事によらなくても、ただ漠然と生まれることもあります。「私は何のために生まれてきたのだろう」、「人は死ぬのに、何のために生きるのだろう」と苦しむ人もいるのです。

『夜と霧』の著者として知られるV・E・フランクルは、この種の痛みを、「もっぱら人間であるがゆえの痛み」といいます。人間は、生きる意味や根拠を求めて生きる存在であり、この種の痛みは人間にとって普遍的なものなのです。そしてフランクルは、もっぱら人間であるがゆえの痛みには、もっぱら人間として答えなければならないともいいます。つまりスピリチュアルペインは、専門職が特権的に解決するのでなく、関わろうとする「人間そのもの」が問われるのです。

誰もがもつこの痛みは、常に表面化しているのではありません。むしろ、毎日の生活がうまくいっている時には、根源的な問いかけは心の奥底に隠され、潜在化しています。しかし、日常生活で、あるきっかけによって顕在化するものなのです。そして顕在化した時には、その痛みは、存在そのものに関わる大きな痛みとなっています。

主観性

スピリチュアルペインは、痛みそのものが主観的です。「生きる意味は何か」、「なぜ苦しむのか」という苦悩は、すべての人が同じように感じるものではありません。また、このような問いかけに対する答えには、客観的な「正解」といわれるものはありません。言い換えると、自らの問いかけの答えは、その人自らが見出して初めて、その人にとって真実なものになるということです。

私の入院中、お見舞いに来てくださった方々の多くは、「藤井さんは仕事を頑張りすぎていたから、ちょっと休むために病気になったのよ。これを機会にゆっくり養生しなさいね」と慰めてくれました。しかし、私にとっては、ちょっとお休みするために病気になるなんて、まったく納得できません。お見舞いに来てくださった方々は、全身麻痺になり、たくさんのチューブが付けられた私の状態を目の当たりにし、驚きながらも、「藤井さんは仕事ばかりでお休みもなかったから、少し休めると思えば、病気になったことにも意味があるのではないか」と理解することで、ご自身を納得させようとしたのでしょう。しかし、それはその人自身を納得させるものなのです。苦しむ私には何の助けにもなりません。

このように、苦しみの意味は、人から答えを与えられるものではなく、苦しむその人自身が見出して初めて意味をもつのです。主観的なこのスピリチュアルペインには、苦しむ人自身の主観的意味づけが必要なのです。

このように考えると、ひとつの疑問が生まれます。人間存在の根源的な問いかけに答えを見出すのが、その人自身であるなら、関わる人は何もできないのかという疑問です。

4　関わりとは

スピリチュアルペインをもつ人に関わることはできるのでしょうか。また、このような苦しみに関わるとは、そもそもどのようなことを意味するのでしょうか。

関わること、寄り添うこと

特に「対人援助」領域での「関わり」という時、「関わり」は「関わり方」と捉えられることが多いようです。そこには、関わるための知識や技術を身につけることで、人に関わることができるという前提があるように見えます。しかし、本当にそうなのでしょうか。

そうではない場面があります。援助職のもつ知識や技術では到底この人の苦しみに関わることができないという場面です。その時、私たちは、「寄り添い」という言葉を使います。たとえば、「ただただ、寄り添っていきましょう」とか、「もう寄り添うしかありません」という具合です。では、寄り添いとは何でしょうか。

ここでまた、私の個人的な体験を述べたいと思います。

救急病棟での急性期治療を終えた私は、九階の脳神経センターにある神経内科の一般病棟に移りました。私が入院していた病院は、神戸のポートアイランドにあり、私が移った病室からは、毎朝、サンフラワー（九州と神戸を往復するフェリー）が神戸港に入っていくのが見えました。サンフラワーは、白い船体に大きな赤い太陽のマークがついたフェリーです。青い空と海を悠々と動く姿はとても美しく、同室の患者さんはそれを見るのを楽しみにしていました。しかし、私は全身麻痺のままで、二時間おきに体位交換されていたため、その景色を見ることはできませんでした。以前、サンフラワーを見たことがあった私は、一人でその美しい景色を想像していました。

入院中親しくなった向かいのベッドの中田幸子さんは、悪性リウマチのため、若いころから数十年の長い間、ずっと車椅子の生活をしていた方でした。中田さんは、ステロイド治療をしていたため、骨がもろくなっていました。ですから、いつもナースから「一人でベッドから車椅子に移らないように。移動する時は必ずナースを呼ぶように」と注意されていました。おそらく、入院のプロの中田さんは、これまでに何度も一人で車椅子に移っておられたのでしょう。

ある日の朝早く、中田さんが一人で車椅子に移ろうとしていることに気がついた私は、「危ない」と思ったものの、全身麻痺のためナースコールを押すこともできず、ただ見守るしかありませんでした。夜勤のナースの手が足りないことを知っている中田さんは、気を利かせて、ご自身でお手洗いに行かれるのだろう、そう思って見ていました。ところが、中田さんは部屋を出ることなく、ご自身の車椅子を私のベッドサイドにぴたりと付けられました。何とか中田さんのほうに視線を落としてみると、中田さんの膝の上に手鏡が載っているのが見えました。中田さんは、その手鏡を細くなった手で握りしめ、精いっぱい腕を伸ばして私の顔にかざしてくれました。そこに映っていたのは、窓の下を悠々と進むサンフラワーでした。九階から見ると、遠くからやって来る船が神戸港に入るまでの時間は、かなり長いものです。しかし中田さんは、その間、少しずつ角度を変えながら、サンフラワーを見せてくださったのです。その長い時間の中で中田さんが発した言葉はたった一言でした。「藤井さん、見える、これがね、サンフラワーよ」。そして、船が神戸港に入ると、また手鏡を膝の上に置き、嬉しそうに一人でベッドに戻っていかれました。手鏡の中のサンフラワー。これが、私が入院して初めて見た外の世界でした。

あるナースとの出会いも深く心に残っています。お昼を過ぎると、患者は皆、体温、血圧、脈拍のチェックがあります。たいていのナースは、それを記録した後、「大丈夫ですよ」、「頑張りましょうね」といった声かけをして帰っていきます。しかしその言葉は、病状や後遺症について主治医から説明を受けている私にとっては、慰めの言葉にはなりませんでした。

ある日、チェックに来たナースは、記録を終えているのに、そのままずっとそばにいて帰ろうとしませんでした。「どうなさったのだろう」とその方に視線を上げると、彼女は血圧計を抱えて泣いていました。そして、「藤井さん、つらいね。つらいけれど、神様の力は弱いところに完全に現れるからね」と言ってポロポロ泣いてくださったのです。その時、私は入院して初めて泣くことができました。今思えば、泣かせていただいたのでした。何の慰めの言葉も見つからなかったそのナースは、私がクリスチャンであることを知って、ご自身も信じる神様の言葉をかけてくださったのです。

母の存在も大きなものでした。母は笑顔の人で、どんな時にも笑っています。私が救急病棟に入院している時も、私のそばでニコニコしながらおしゃべりしてくれました。私は何の反応もできませんが、母は一人で楽しい話をして、一人で笑い、お腹がすいたら、売店でプリンやお菓子を買ってきて、私の横で食べ、アハアハ笑い、面会時間が終わると、「また明日ね〜」と手を振って帰っていきました。それを見ていたナースたちは、毎日ヘラヘラ笑い、涙ひとつ流さない母の姿を見て、おそらく事の重大さが理解できていない母親だと判断したのでしょう。ある日、母が帰ろうと救急病棟を出たところ、追いかけてきた一人のナースから、「藤井さん！　藤井さんは、娘さんがどんな病気か分かっておられますか」とお叱りを受けました。母は、「分かっています。どんなにつらいか、苦しいか。でも私は病気をどうすることもできません。病気のことはただただ神様にお任せして、祈っています。私は娘に会うのが嬉しくて、楽しくて、毎日ここに来ているのです」と答えました。この話はずっと後になって知ったことです。病気であっても、いつもと同じように接し、私のありのままを愛してくれた母の姿は、私にとって大きな支えになりました。

私は入院中、私のことを本当に心配してくれる方々から、共通したひとつのメッセージをもらいました。それは、あなたはそのままで尊い（イザヤ四三章四節参照）というものです。「何もできなくなってしまったあなたは可哀そうだ」というものとはまったく逆のものでした。私が支えられたと感じたのは、このようなメッセージを携え、「喜ぶ者と共に喜び、泣く者と共に泣く」（ローマ信徒への手紙一二章一五節）人たちでした。ありのままの私をただ受け止め、なおそこにとどまり、喜びも悲しみも共にしてくれる。これが寄り添いです。そのような関わりによって、私は、自身の存在が丸ごと受け容れられるという経験をしました。そして、このような経験を重ねていくことで、身体的状況は何ひとつ改善されていなくても、「生きていていいのだ」と思えるようになっていきました。

寄り添いの本質

苦しむ人自らが主観的な意味を見出していくのであれば、周りの人は何もできないのかという疑問については、次のように言うことができるでしょう。スピリチュアルペインをもつ人自身が苦しみの意味や生きる意味を見出していくことには違いありません。しかしその時、ありのままを受け止めて、なお傍らにいてくれる人がいること、それは、その人自身が答えを見出していく時、大きな力になるのです。

私たちの社会は、何かができるから価値がある、社会の役に立つから意味があるという価値観に縛られています。そこからは、役に立たない人間はダメな人間だという価値観が生まれます。しかし考えてみると、人はもともと、何ももたずに生まれてきます。ところが、生きている間に多大な時間とエネルギーを費やし、多くのモノを手に入れていくと、獲得したモノが自分自身を幸せにしてくれると思い込んでいきます。何かを得ることに価値を置くがゆえに、手に入れたモノにがんじがらめになり、そこに在るだけで尊いはずのいのちが、そのように受け止められなくなってしまいます。そして、何かができること、何かをもっていることに意味があり、何もできないことや何ももたないことは、価値のないことだと考えるようになっていくのです。私たちは、そのようなモノサシで人を測り、また自らも測ります。このモノサシによると、自らを含め、すべての人は死に際して、惨めな存在になってしまいます。なぜなら人は、死に際して何ももたない、「在るだけ」の存在になるからです。

一方、聖書の人間観、神様のモノサシは、健康や社会的貢献といった人間社会の合理的な価値基準とは根本的に異なり、「すべての人は価値ある尊い存在である」、つまり、人の存在やいのちは、そこに「在るだけ」ですでに意味があり、尊いというものです。ここに、人を測る尺度はなく、愛すべき尊い存在であるという、一点しかないモノサシが示されているのです。

問われる価値観

これまで述べてきたように、苦しむ人の前に立つ時に問われるのは、自分自身のもつ価値観、死生観、人間観です。これは、目の前の人を、あるいは人間の存在そのものをどのように捉えているかという態度であり、苦しむ人の前に立つ時、私たちの価値観は必ず態度として現れます。

では、私たちはどのように人間存在を捉えたらよいのでしょう。もちろん、援助職に関わる専門職者は、職業価値・職業倫理があります。しかし、ただそれに則って援助しさえすれば、よいケアができると言い切ってよいのでしょうか。確かに専門的価値や職業倫理は大切です。しかしその前に、「人間としての在り方」が重要です。先に紹介したフランクルの言葉、もっぱら人間であるがゆえの苦しみにはもっぱら人間として関わる、ということは、人としての自分自身の価値観が問われるということなのです。

どのような価値観によってどのように関わるのかという問いには、イエスの生き方から学ぶこと、それが私たちに与えられたものです。

「関わり」という言葉から私がいつも思い浮かべるのは、ヨハネによる福音書一三章八節。最後の晩餐で、イエスが弟子たちの足を洗う場面です。

ペトロが、「わたしの足など、決して洗わないでください」と言うと、イエスは、「もしわたしがあなたを洗わないなら、あなたはわたしと何のかかわりもないことになる」と答えられた。

聖書の中で、イエスは実に多くの人に関わっておられます。しかしイエスは、その関わりにおいて、その人の病気や障害そのものを問題としていたのではありません。また、目の前の人の苦しみを理解して、その人とよい関係性を結ぶことを目的としていたのでもありません。イエスが問題としていたのは、もっと本質的な部分、つまり、その人が何によって生きるかという、生きる根拠なのです。生きる根拠、これがスピリチュアリティの核心です。振り返ってみて、私たちはどうでしょう。目の前の人の障害や病気ばかりを問題にしていないでしょうか。

イエスはさらに、ご自身が関わることを問題とされていました。つまり、「わたしが関わる」、そこに意味を置いておられたのです。この関わりによってこの人がどうなる、このような変化があるという結果を問題とすることではなく、自らが関わることに意味を置いておられたのではないでしょうか。イエスにとっての関わり。それは、病気や障害を取り除くことにあったのではなく、その人の生きる核心に触れることだったのです。言い換えると、「わたしの関わりがあなたにとってどうであるか」ではなく、「わたしが関わる」ことに関わりの本質があったのではないかと考えられます。私たちは、関わることそのものに意味を置くよりむしろ、「うまく関わる」ことや、「関わりの結果、何が生まれるか」を問題としています。こう関われば人は変わる、あるいは、自分の関わりによってこの人はこのように変化したというように。しかしイエスの関わりは結果を求めるものではなく、関わりそのものに意味があったのです。

専門職者は、豊かな知識や高い技術が求められます。しかし本質的な意味から見れば、関わりは、知識を身につけることや技術を磨くことで可能になるものではなく、関わる側の決意にあります。つまり、関わる側にとって、この関わりそのものに意味があるという宣言――つまり、そのような価値観をもつことができるかどうかが重要なのです。言い換えると、その人の「隣人」になる決意、「隣人」になることに価値を置くことだと考えられます。

苦しむ人の前を通り過ぎてしまえば、そこには何の関わりも生まれません。そこで立ち止まり関わる人になること（関わりへと突き動かされる私たちの思い）が、私たち人間の側に問われているのです。それはつまり、私たちがどんな人間として、またどんな価値観をもった人間として、苦しむ人の前に立つのかが問われることなのです。そして、苦しむ人から見れば、そのような関わりは、ありのままの自分の存在が受け容れられる、尊い存在として受け止められるという経験になるのです。

関わりに重きを置くことは、そこで自分が目の前の人の役に立つかどうかを問うことではありません。自分が役立つことを前提とした関わりは、自分のための関わりです。「助けてあげましょう」と近づいてこられたら、苦しむ人はただただ小さくなるしかありません。関わりは常に逆説的です。何かができるという価値観を捨てた時にこそ、関わりそのものに意味を置くことができるのです。その意味で、関わりは、何かをすることではなく、関わる側（寄り添う者）が問われることで可能になるといえるでしょう。

限界を認める

もうひとつ、関わりにおいて私たちが問われるものがあります。それは、私たち自身が自らの「限界」を受け入れることができるかという問いかけです。私たちは神様ではありません。どんなにしても、その人の心の奥底の深い苦しみを理解することはできません。どんなに優れた専門家でも、目の前の人の苦しみを取り除くことができないという限界をもっています。これは、究極の苦しみともいえる「死」を考えてみると分かりやすいでしょう。死を前にした人の苦しみを、その人と同じように理解することはできません。「あなたの苦しみが分かります」と言うこともできません。もしそんなことを言ったとすれば、そのとたん、苦しむ人は、逆にその人を遠くに感じることでしょう。関わる私たちにはどうしても超えられない限界があること、それを受け入れることができるかと、私たちは問われているのです。

専門職者が限界を認めることは難しいことです。なぜなら、専門職は、何かができることに付与された資質だからです。しかし、もっぱら人間として関わろうとするなら、私たちは無力であることを引き受ける必要があります。限界を認めない関わりからは、「傲慢」か「絶望」のどちらかしか生まれません。よい結果が出れば、自分の専門性は素晴らしいと傲慢になり、よい結果が出なければ、自分はダメだと絶望するという具合です。限界を認めない関わりは、いつも自分が中心で、相手はその視野に入っていません。そして、その関心は結果にしかありません。しかし、先ほどから述べているように、関わりの本質は結果だけにあるのではありません。

限界を認めること。それは、その限界の先を何かに委ねることで初めて可能になります。人間の限界を、人間を超えた超越的存在に委ねる、神に委ねることで、限界をもった私たちは、限界をもったままでなお関わるものとして、生かされるのです。病気の私が「関わってもらえた」と心から感じることができたのは、何かをしてくれた優秀な専門職者からではありませんでした。何もできないことを引き受けてなお、共に泣き、共に喜び、傍らにいてくれた人たちでした。彼らは結果を求めず、ただその関わりに意味を置き、その先は神様に委ねて祈る人たちでした。

5　苦しむ人と関わる人

苦しむ人も、関わる人と同じく限界をもった存在です。関わる人が、苦しむ人を本当の意味で救うことはできないという限界をもっているのと同様に、苦しむ人も、その苦しみを自分で取り除くことができないという限界をもっています。どんな人も、究極の苦悩と考えられる死を避けることはできません。また、その苦しみや恐れを完全に分かってくれる人もいません。その時、苦しむ人もまた、その限界を委ねる先が必要になってきます。

このように、苦しむ人にも、関わる人にも、限界を認め、その先を委ねる何か――有限である人間ではなく、人間を超える存在――が必要です。人間を超える神との関係性が、私たち人間のもつ限界を超えるものとして大きな支えになるのです。それは、死に際してだけでなく、人が生きるすべての側面において必要だといえるでしょう。

ホスピスケアでは、死にゆく人と関わる人との関係性を、「あなたは今、死に向き合う人、私はいつか死ぬ人。どちらも死ぬ存在として等しい存在である」と表現されることがあります。しかし、それは関わる側からの一方的な言葉ではないでしょうか。死にゆく人にとって、生に満ち溢れている目の前の人が、自分と等しい存在だと言われても、違和感があります。苦しむ人と関わる人とが同じ存在であるといえるのは、「苦しむ人も、関わる人も、どうにもできない限界をもつ存在である」という点においてであり、また「どちらも限界をもった存在として、神に依り頼む存在」、「何かに委ねていくことで生きる存在」であるという点において同じだといえるのではないでしょうか。

実は、このような宗教性を含む価値観は、さまざまな学問においても古くから主張されてきたところです。先に述べたフランクルは、苦しむ人や死にゆく人への関わりがあるとすれば、それは、苦しむ人の宗教的な窓を閉ざさないことだ、と言っています。これは、人間にはどうにもならない限界があり、この世の中にはどうにもならない苦しみがある。そしてそれは、人間中心の世界観を超え、神様や大いなるものとの関係性によってしか解決できないことを表しているといえるでしょう。

ライフサイクル論を唱えた心理学者のE・H・エリクソンは、自分自身が高齢になっていく中で、自身の理論を変更しました。彼は、高齢期の課題は人生を統合していくことだと主張していましたが、実際には、人は歳を重ねると、人生の統合どころか、たくさんのことを人に支えてもらわなければならなくなることを実感します。エリクソンは、高齢期の課題は、むしろそのような状況を甘受してなお生きることにあるとし、そのような状況を受け入れていくのに必要なものとして信仰をあげています。そして、物質的・合理的視点から神秘的・超越的視点に移行する時、人生そのものの満足感が増加すると言っています。

同じく心理学者で欲求階層論を唱えたA・H・マズローは、人間の高次欲求として「自己実現」をあげています。彼の言う自己実現とは、なりたい自分になるという自己中心的なものではなく、存在そのものの価値（B価値─存在価値）を見出すことにあると言います。そして、自己実現している人が経験する「至高経験」を、今ある現実を超え、存在そのもの、あるいは究極的リアリティを知覚する体験と定義し、人はその至高経験によって、人生の意味を見出すことや、人生の目的を知ることができると主張しています。

これらの議論はどれも、人間中心の視点ではなく、人間を超えるものとの関係性の中で、苦しみの意味を見出すことや、人生の満足を得ることが可能だという主張です。

おわりに――ディアコニア・プログラム

ディアコニアは奉仕や奉仕の技といわれますが、その働きはまさに「関わり」です。それは、目の前の人を助けてあげようという姿勢ではなく、私にとって関わりそのものに意味があるという姿勢です。関わることの意味は、自分の中にあるのでなく、まさにそのような関わりを生きたイエスに遣わされたことにあります。

イエス・キリストが自分の身を投げ出して私たちに関わってくださったことを思う時、関わられた人間として、私たちは目の前の人にどのように関わるのか。それが私たちに問われていることです。私たちが自らの価値観を問いつつ、すべてが完結しないその限界を知り、その限界を神様に委ねつつ、自分の与えられた働きを謙虚に尽くす。これが遣わされた者としての関わりです。

ディアコニアは、遣わされた者。そうであるなら、遣わされた自分の器をよく見て、欠けた部分は赦しを請い、神様にその器を満たしてもらいながら、祈りつつ謙虚に歩むしかありません。そして、このような関わりにおいてこそ、私たちには喜びが与えられるのです。それは、よいことをしたという自己満足や、援助者としての達成感とはまったく異なる次元の、本当の喜びです。そして、神様に委ねて生きるその喜びこそが、私たち自身にとって生きる意味になっていくのではないでしょうか。

関西学院大学ディアコニア・プログラムでは、知識や技術以上に、いのちをどのように理解するのか、苦しむ人の前にどんな人間として立つか――こうした問いかけに向き合うことを大切にしています。このプログラムを通して、遣わされた者として関わらせていただけることを感謝しています。

参考文献

Erikson, E. H. & Erikson, J. M.(1997). The life cycle completed: A review: Expanded edition. W. W. Norton & Company, Inc. New York.

Frankl, V. E. (1959, 2006). *Man's Search for Meaning.* Washington Square Press, Washington.（フランクル、V・E（一九九九年）『〈生きる意味〉を求めて』諸富祥彦監訳、春秋社）

フランクル、V・E（二〇〇二年）『意味への意思』山田邦男監訳、春秋社

藤井美和・浜野研三・窪寺俊之・大村英昭編著『生命倫理における宗教とスピリチュアリティ』晃洋書房

藤井美和（二〇一三年）「人の苦しみとスピリチュアルペイン――ソーシャルワークの可能性」『ソーシャルワーク研究』三八、四、四―一八。

藤井美和（二〇一五年）『死生学とＱＯＬ』関西学院大学出版会

藤井理恵・藤井美和（二〇〇九年）『増補改訂版　たましいのケア――病む人のかたわらに』いのちのことば社

Maslow, A. H. (1965). Humanistic science and transcendent experience. *Journal of Humanistic Psychology*, 5, 219-227.

Maslow, A. H.(1968). *Toward a psychology of being.* Nostrand Reinhold Co. NY.（マズロー、A・H〈一九九八年〉『完全なる人間――魂のめざすもの』上田吉一訳、誠信書房）

講　演2

日本キリスト教史とディアコニア

岩野祐介

岩野祐介（いわの・ゆうすけ）

関西学院大学神学部准教授。
著書：『無教会としての教会――内村鑑三における「個人・信仰共同体・社会」』（関西学院大学研究叢書、教文館）。
共著：『比較宗教学への招待――東アジアの視点から』（晃洋書房）、『多元的世界における寛容と公共性――東アジアの視点から』（晃洋書房）、『人間の光と闇――キリスト教の視点から』（関西学院大学出版会）。

はじめに

この講演ではディアコニアの歴史的な概略について述べようと思いますが、私の専門に近いところから話を始めさせていただきたいと思います。

「教会とディアコニア」というテーマについて

まず、「教会とディアコニア」というテーマで気になるのが、「教会」と「ディアコニア」をつなぐ「と」です。一般的に「AとB」というのは、AとBとが別々のものであるから、そこに「と」が挟まれるということだとすると、このテーマでそうであっては少し困るように思います。その場合、教会とディアコニアが別々のものであるということになるからです。教会には教会の本来的な機能というものがはっきりとあって、それは「ディアコニア」とは別であるとすれば、それに対して少し文句を言いたいのです。そうではなく、教会「の」ディアコニア、あるいは教会「が」ディアコニアであってはいけないのか、いや、そうであってほしいと思うのです。このことについて私は個人的な思いがありますので、少しだけ話させてください。

個人的な体験から

私は大学卒業後、五年間ほど小さい塾で働きました。社員としてです。そこは、今で言うところのブラック企業だったのです。当時はそういう言葉はありませんでしたが、かなりブラックであったと思います。ですから、同僚がどんどん辞めていくのです。なかには、心身のバランスを崩して辞めてしまう方もいました。そういう場面に出会うと私はしばしば、「はっきりと病気になったら堂々と休める・辞められるのに、自分は耐えられているから働き続けねばならない、だから、はっきり体調が崩れる人がうらやましい」と感じていました。私は、低空飛行を続けながらも墜落はしないという感じで働き続けていたのです。体調を崩すのがうらやましいというのは、健全な考え方ではないと思いますが、しかし当時、本気でそう思っていました。

また、宗教関係、あるいは行政の社会福祉関係もそうだと当時は思っていました。病気であったり、失業していたり、災害や事故や犯罪にあっていたりといった「はっきりと」苦しんでいる人には心を配っているけれども、自分のようにぎりぎりのところで耐えられてはいるけれども、つらくて仕方ない人間のことは見てはくれないのだと思い、ケアを受けられる人たちに嫉妬を感じていたのです。

この状況は日本に限らないことなのかもしれませんが、分かりやすくはっきりと病気であったり、被災者であったり、国籍や戸籍がなかったり、セクシュアル・マイノリティであったり、住むところがなかったりという人たちに対しては、教会を含めて世の中は目を向けてくれるけれども、日本国籍があって、ヘテロセクシュアルの男性で、曲がりなりにも定職がある自分は、目を向けられていないのだろう等と妬ましく思っていたのです。

自己責任社会におけるキリスト教、教会

日本のマスコミやインターネット等でしばしば見られる「自己責任」という言い方があります。ここでの自己責任というのは、「自分のことはすべて自分に責任がある、何でもかんでも自分のことは自分でできなければならない」というニュアンスではないでしょうか。そして、この自己責任という考え方は、他人に対する嫉妬を呼び起こしやすいものだとも思うのです。自分も苦しいのに、社会、行政や役所は、自分に対しては何もしてくれない。「自力でがんばってください」としか言わない。それなのに、何らかの理由ではっきり「苦しんでいる人」と認定されている人たちは、社会からケアを受けている。それが妬ましいのです。

またこの考え方は、同じ理由で、ケアを受けている人にも「申し訳ない」「迷惑をかけている」「負担になっている」という思いをひきおこさせるのではないでしょうか。ついでに言うと、「お金はとにかく貯めておいて、消費したり投資したりはしない」という態度も、この自己責任という考え方と結びついていると思います。「いざとなったら、自分の貯金しか頼りになるものがない」と考えるから、とにかく貯めるのです。しかし、それでは経済は回りません。

日本の教会のディアコニアのはたらきが向き合うのは、この自己責任社会だと思います。「自分のことはすべて自分でできるのが立派な人間で、そうでない者は、他人に迷惑をかける、けしからん人間だ」という考え方の社会です。しかし、自己責任とは、「自分でできることは自分で」ということであって、「自分でできないことは、お互い助け合いで」ということを否定するもの

ではないはずです。「助け合い、頼り合ってよいのだ」というメッセージを発することは、極端な自己責任社会の苦しみをとりのぞく救いになると思います。

キリスト教において（宗教全般にそうだと思うのですが）、人間が神様に創造されたということは、人間には限界があって当たり前であり、神様はそのような人間、しかも自らの自由意志で神に背こうとする人間を、果てしなく深い愛情をもって救おうとしてくださるということになると思います。そして、この世にある間は、そのような愛を注いでくださる神様に直接感謝する・応答する代わりに祈るのであり、共に生きる他の人間に対して、相互に愛を贈り合うのだと思います。それは、「なるべくなら人に迷惑をかけないで生きよ」という考え方とはかなり違うはずです。

1　ディアコニア

「ディアコニア」について

続いて、「ディアコニア」について少し考えてみます。狭い意味での「ディアコニア」とは、「キリスト教主義にもとづく社会福祉活動」のように私は理解しています。

原義としての「ディアコニア」、聖書における「ディアコニア」とは「奉仕」です。たとえば、パウロのロマ書一二章七節に「奉仕の賜物」という言葉がありますが、この「奉仕」と訳されている語が「ディアコニア」というギリシア語です。この部分は文語訳聖書では、「務《つとめ》あらば務をなし」となっています。「奉仕」よりも広い意味をもちうる訳語になっているのです。さらにさかのぼって漢文聖書では「役職者」（一八一三年、ロバート・モリソン訳）、「役事」（一八六三年、ブリッジマン、カルバートソン訳）となっています。だいたい古い時代は「役」の字をあてて「仕える」の意味としているようです。専門的訓練や資格を前提とする特別な奉仕の仕事だけを指すのではなく、もっと幅広く「それぞれの役割、役目」という意味を含むと考えてよいのではないでしょうか。

『キリスト教神学用語辞典』（日本キリスト教団出版局）によれば、「ディアコニア」とは「聖霊の力を通して教会と個人によってなされる、イエス・キリストの名における神への奉仕のこと」となります。また、『キリスト教大辞典』（教文館）では、「奉仕」の項目にこう書いてあります。

キリストは自身の使命が仕えられることでなく、仕えることにあること、キリスト者の使命もまた奉仕にあることを明らかにした（マコ一〇・四二―）。キリスト教徒は、このキリストに仕えられているがゆえに、キリストに仕え、隣人に仕えることをその生活の規範とする。神、キリストへの奉仕の具体的表現は礼拝であり、隣人への奉仕は精神的または肉体的な窮乏に苦しむ者を助けることである。後者の意味での奉仕には、教会内の会員相互における奉仕と、教会外の世界への奉仕とがある。執事の職務はこの奉仕のためのものであった。この世に対する教会の奉仕は、施し、慈善、という形で古くから行われてきたが、近代にはいって組織的に行われるようになった。ドイツにおける内国伝道、ディアコニッセ、イギリスに

おける救世軍などが代表的なものである。（以下略）

最後にあるのが、ディアコニア・プログラムの「ディアコニア」なのではないかと思います。

ディアコニア、仕えること

このように「ディアコニア」とは、もともと「仕えること」を指します。漢和辞典で「奉仕」という言葉を調べてみますと、まず「神仏に仕える」という意味があり、次に「主君に仕える」とありました。おそらく、明治期以降の日本において、「主君に仕える」ということが、「国家に仕える」となり、具体的なはたらきとして「社会に仕える」という意味合いが出てきたものと思われます。では、教会の「ディアコニア」の場合は、誰にどう仕えるのでしょうか。

たとえば、一九六六年一〇月二六日、第一四回日本基督教団総会で決定されたという「日本基督教団社会活動基本方針」では、「奉仕（ディアコニア）は、教会のあらゆるわざの基本的姿勢である」（『日本基督教団史資料集第五篇』、二三四頁）と述べています。

イエス・キリストは、しもべの姿をとって来たりたもうた。かれは、奉仕の道を教え、自ら弟子たちの足を洗いたもうた。キリスト者の全生活と行動は、「貧しい者」への奉仕をはなれては存在しない。「貧しい者」は、イエス・キリストを指し示しているからである。（同）

この社会活動基本方針が変更されたり撤回されたりしたということはないと思いますから、教団に関しては、今でも有効ということでよいでしょう。また、他の教派でもこのことに大きな違いはないものと思います。「ディアコニア」とは、社会活動、社会的責任を果たすことの一部（あるいは全部）であるということになるのではないでしょうか。

では続いて、日本の教会の「ディアコニア」について考えてみましょう。

日本のキリスト教とディアコニア

確かに、日本の社会福祉活動の歴史において、キリスト教、キリスト者のはたらきは見逃せないものです。たとえば、女子教育、監獄改良、孤児院の創設、ハンセン病療養所の創設、アイヌ伝道等が、明治期のものでは挙げられます。女子教育は現在では当たり前のこととなっていて、福祉の対象には入らないかもしれませんが、社会的格差の解消のためにはたらくことも奉仕であるでしょう。マララさんにノーベル平和賞が授与されたことは、西洋的な価値観の押しつけではないかという見方もあると思うのですが、日本で一九世紀末に女子教育の必要が注目され、現在では当然のこととなったことを考えると、やはり重要な問題であると思います。当時来日した宣教師たちは、女子児童が教育を受けられない事態を見て、おかしいのではないかと思い、実行したのです。時間はかかるかもしれませんが、社会のあり方は変えられるということを示しており、私たちも勇気を与えられることだと思います。

それまでの社会のあり方のなかで当たり前であるとされてきたことを、「本当にそうなのか」

と問い直す視点をもたらすことも、キリスト教のはたらきの一つであるといえるのです。アウトサイダー、よそもの、浮いた存在だからこそ、見えること、言えることがある。それは福音書におけるイエスの言動からも分かるのではないでしょうか。マイノリティとしての日本のキリスト教の役割も、そこにあるのだと思います。

しかし一方で、福祉は、人が人を「たすける」「まもる」といった要素がからんでくる分野ですので、問題も多く、つねに見直しが必要な分野でもあると思われます。「この人は助けなければならない」と思うときに、「こういう助け方でなければならない」ということになってしまいますと、少し問題があるように思います。なぜそういう問題があらわれやすいのか。これは、「仕える」ということ自体にある難しさと関わっているように思います。特に昨今見直さねばならないと指摘されているのが、パターナリズムであり、当事者の意向をいかに反映するかという問題であるでしょう。「助ける側」が「支配する側」になってしまわないように、つねに「助ける―助けられる」という関係の、外側からの視点が必要なのです。特にキリスト教の場合には、聖書の言葉を共に読むことによって、「このような関係性でよいのか」ということを考え続けねばならないように思います。

「福祉」という言葉の意味

このことは、「福祉とは何か」ということを考えてみるとき、よりはっきり見えてくるように思います。漢和辞典によれば、「福」も「祉」も「さいわい」の意味であるとあります。たとえば、この後いろいろと引用することになる内村鑑三においても、「災い」の対義語として、「福祉」が用いられています。岩波の国語辞典では、「さいわい」という意味の後に、「特に公的扶助による生活の充足や安定」と記されていました。しかし、幸福・さいわいと、公的扶助による生活の充足や安定との間には、かなりのギャップがあるのではないでしょうか。

では、もともとの意味における「福祉」「さいわい」を人間にもたらすのは何でしょうか。お金か、仕事か、家族、絆でしょうか。「神様です」というのが、キリスト教の立場からの答えでしょう。ですから、「人間が、人間に、さいわいを与える側のものになる」ということは、ある種の傲慢です。ここに、先ほど申し上げましたパターナリズム的なものが入り込んでくる問題性があるのではないでしょうか。助ける側が、神様の役割、救い主の役割を演じたくなってしまうのではないでしょうか。助けられる側と同じ人間であるのに。そして、救い主であろうとすることは、実は当人にとってもつらいことであると思われるのに。

以上より、「誰から誰に」という問題は、奉仕や福祉をめぐる重要な問題なのだということが見えてきました。「社会福祉」というとき、そこでいう「社会」とは何、あるいは誰なのでしょうか。社会という人がいるのではないのであって、「教会が社会に仕える」というとき、具体的には、教会やキリスト教団体に所属する個人が別の個人に奉仕するという場面があらわれてくるのだと思います。

この「奉仕」ということのあり方について、続いて少し考えてみたいと思います。ここで具体的な題材として、内村鑑三の言葉を見ていきたいと思います。

2　内村鑑三のディアコニア体験

内村鑑三をめぐる、ディアコニアに関すること

内村鑑三は一八六一年に生まれ、七七年に札幌農学校に入学してキリスト教と出会い、八一年、卒業して役人になりますが、うまくいかず、八四年にアメリカに行きます。内村はそこで親切な児童養護施設の管理者と出会い、また「内的純潔の状態に到達するように自身を訓練」したいと考えたこともあって、マサチューセッツ州エルウィンの施設で介護人として働くことになります。

帰国後の内村は、具体的に社会福祉事業に関わったわけではなく、時にはキリスト教の社会的実践に対して批判的なことを言うようなこともありましたが、内村自身はそういう現場で八カ月も実践的訓練を受けた人間だったのです。このあたりの経緯は、内村自身の言葉（厳密には内村の英文を鈴木俊郎が訳したもの）を読んでいただくとよく分かります。

　アメリカ到着後間もなく、余は一ペンシルヴァニア人医師に『拾われ』た、……余が実際的慈善を最下級からずっと味うようにという期待をもって、余を彼の『看護人』のなかに入れた。変化は余にとっては、帝国政府の一官吏から白痴院《はくちいん》の一看護人となるという、まったく急激なものであった、しかし余はそれを感じなかった、ナザレの大工の子が今や全く新し

い人生観を余に教えたからである。

（『余は如何にして基督信徒となりし乎』岩波文庫、一三〇―一三一頁）

しかし内村は、介護人として働くことで「内的純潔の状態に到達」しようとすることは誤りであったと感じるようになります。

余が病院勤務に入ったのはマルティン・ルーテルをエルフルト僧院に逐《お》いやったとやや同じ目的をもってであった、……世界がその方面に余の奉仕を必要とすると考えたためではない、……ただ余はそれを『来るべき怒り』からの唯一の避難所であると考え、そこで余の肉を服従させ、内的純潔の状態に到達するように自身を訓練し、かくして天国を嗣《つ》ごうとしたためである。心底ではそれゆえ余は利己的であった、そして利己主義はいかなる形で現れても悪魔のものであり罪であることを、余は幾多の苦しい経験によって学ぶにいたった。慈善の要求するものは完全な自己犠牲と全部的の自己没却であるが、余がその要求に自分自身を合致させようと努力するなかに、余の生来の利己心はそのあらゆる怖しい極悪の姿をもって余に現された、

（同、一三一頁）

いくら子どもたちのために「奉仕」しても、そういったはたらきを通して『義人』となりたい」、「自分の心を清らかにしたい」、「立派な人だと思われたい」といった自己中心的な思いが心

の底あるのであれば、それこそまさに醜いことではないかと内村は悩むようになってしまったのです。

慈善、『愛人』事業は、余の『愛己』的傾向が余の中にて全く絶滅せられるまでは余自身のものでないことを余は知ったのである。霊魂の治癒《ちゆ》は肉体の治癒に先行しなければならぬ、すくなくとも余の場合においてはそうである、そして慈善はそれだけでは前者の目的のためには無力であったのである。

（同、一五一頁）

内村はその後、アマースト大学総長シーリーとの出会いを通して、自己中心性という罪からの救いは十字架上のイエスによって与えられると確信するに至りますが、それはまた別の話として、ここでの内村の話は、奉仕ということの重要な側面を我々に示してくれているように思われます。善行、救われるための行い、あるいは、「立派な人間」となるため、「立派」であることを示すために奉仕をするということが、その人にさらなるつらさを与えることがあるということです。

現在では、社会福祉事業の現場において、援助される側の個別性、個性ということが重視されるようになってきていると思います。援助する側が一方的に決定するのではなく、援助される人たちの意志を尊重した治療であるとか、教育、援助が行われるようになってきています。しかし、そこにおいて、援助・奉仕する側の個別性というものは、もちろん困難を抱えておられる方への支援と比較して優先順位が低いのは理解できますが、後回しにされてきてしまっているようにも思います。介助する者、援助する者の「あるべき姿」とされるものは決して多様ではないのではないでしょうか。それに自分を当てはめ続けることをつらいと感じることは十分あり得ると思うのです。

内村は、このエルウィンの施設で、院長をはじめとしたスタッフに親切にされたことを繰り返し記しています。彼がそこで受けた慰めと、それに対する感謝をよく伝えるものであり、内村自身が慰めや助けを必要としていたということがよく分かると思います。

また、「自分を愛するように隣人を愛せよ」ということが根底になければやっていけないということも、内村のエピソードから改めて強く感じさせられることです。内村の言葉は、「新しい自分になりたかった」というニュアンスを感じさせますが、そうやって、「変わりたい」、あるいは、「これまでの自分を罰したい」といった意識をもって奉仕・ディアコニアに没頭しようとすることは、あまりよくないのかもしれません。

自分を愛するように隣人を愛せよ

のち、一九二五年に内村は、「十字架の道」のなかで、「最も重要な教え」の箇所に関する註解として、次のように述べています。

神は全身全力を挙げて愛すべし、即ち自己以上に愛すべし、隣は己の如くに愛すべしと云ふのである。己を棄て隣を愛すべしと云ふに非ず、己を愛するが如くに愛すべしと云ふのである。神は人が自己を愛することを許し給うた。自愛は罪ではない。然れども自己を愛するの愛を以て隣を愛すべきである。イエスは茲に彼が伝道の初めに於て教へ給ひし事を繰返し給うたのである。即ち黄金律と称せらるゝ山上之垂訓の一節である。

是故に凡て人に為《せ》られんと欲《おも》ふ事は汝等も亦其如く人に為よ、是れ律法と預言者なる也。

（『内村鑑三全集』二九、岩波書店、一二五―一二六頁）

彼もさまざまな経験を経て、「自愛は罪ではない」と言えるようになっているのです。

改めて、内村自身の介護人体験について考えてみますと、結論としては、内村のしていたことは間違っていなかったことになると思われます。ただし、奉仕、ディアコニアのはたらきとは、神の愛、救済への応答としてなされることであって、それによって神の愛を得たり救済されたりする、という発想は、逆になったものだったということです。内村自身は根底に自己愛が潜んでいることを偽善であると感じて苦しんだわけですが、自己愛そのものに問題があるわけではないのです。「自分を愛するように隣人を愛せよ」というのですから。

内村自身に満たされたい思いがあったのは確かであって、それも悪いことではないでしょう。ただし、それは彼自身が満たされることによってしか満たされないのであり、そして満たすのは神様なのだ、ということです。そして、「自分は神様の愛に満たされている」と確信を得た後に、他者を愛することによって神の愛に応答できるようになるのです。そういった神の愛がもとになった愛を相互に与え合うような関係が、キリスト教で考えるさいわい、福祉のベースとなるのではないでしょうか。

関係性の回復、調和

このような、愛を与え合うような関係性であるということは、イエスの「二人三人いるところに私はいる」という言葉と合わせて考えてもよいと思われます。別の角度から見ますと、救う側と救われる側というような区別がある関係というのは「さいわい」ではないということになるかもしれません。関係性とは、どちらか片方が一方的に奉仕をして、もう片方が一方的に利益を得るといったものではないからです。

関係性、調和というのは全体的、相互的なことであって、一方的なものでは調和した関係ということにはならないのだと思います。たとえば、一方がもう一方をだまして利益を得るようなことになっていたら、これは調和したよい関係ではないと思います。そして、悪意があってだますということでないとしても、自分が救う側で相手が救われる側で、一方的に奉仕し続ける、愛を与え続けると考えるのだとしたら、それはやはり調和してはいないのだと思うのです。

そしてキリスト教の立場からは、この関係性の修復がひいては救い（＝神との関係の修復）につながるということになると思われます。

内村鑑三はエデンの園の物語についても書いていますが、知恵の実を食べたアダムは、神にそれをとがめられ、「悪いのはエバだ、エバが私をそそのかした」と責任をエバになすりつけようとします。その前には、エバのことを「かけがえのないパートナー」と言っていたにもかかわらず、です。内村によれば、この自己中心性が人間の罪の本質なのです。だとすれば、そうならないような調和した関係をつくることが、エデンのときのような、神と人間との関係をとりもどす入り口になるのかもしれません。そのような関係は、調和しているとはいっても、固定的で静的なものではなく、相互的で動的なものであるように思われます。

内村は帰国後の一八九四年、『国民の友』に掲載した「流竄録」において、かなり詳しく介護人体験を記しています。その中では、施設について、「無限の悲嘆、無限の滑稽、院内亦一種異様の快楽なきにあらず」（『内村鑑三全集』三、五九頁）と述べ、また子どもたちについて、「彼等の無智なるは彼等をして深切に対し無覚ならしめざるなり、吾人一度彼等の依り頼む所とならん乎、彼等に優りて愛すべきものは余は未だ曾て知らざるなり、是れ白痴看護事業に於て希望の存する処なり」（六二―六三頁）と記しています。

然れども彼等は容易に昵《なじ》まざるなり、此故を以て本院の雇員にして三ヶ月以内に解雇を願ひ出づるもの多し、そは彼等は未だ其苦のみを知て其快楽を知るに至らざればなり、然れども三ヶ月以上を経て一たび白痴に愛せらるゝの快を知るに至らん乎、彼等は永々留まらん事を願ひて止まず。（同、六三頁）

介護人体験を通して内村は、子どもたちと、お互いに喜びや楽しみを与え合うという相互的・動的な関係性を築いていたのではないかと思われるのです。

霊の救い、体の救い／人間のわざと救済

スピリチュアルな救い、霊的な救いということと、身体の救いということは無関係ではありません。内村は、「我々が蜜柑《みかん》の皮を内側の果肉から離すように、誰が肉体を霊魂から離したことがあるか。肉体を通して霊魂に近づくことなしに、誰が霊魂を救うことができるか」（『余は如何にして……』一五二頁）と記しています。

確かに内村もパウロを引用し、「我々の肉体は土の器に過ぎない」と言っています。しかし、その器があるからこそ、命の水を受け止めることができるのです。その器が、ひび割れた、壊れたものではなく、きちんと命の水を受けられることが大事です。肉、身体の治療やケア、具体的には、医療や社会福祉とキリスト教、教会とが協力関係をもつことの重要性が浮かび上がってきます。

内村は確かに教会・キリスト教が社会事業を行うことに関して批判的な発言をしていますが、否定していたということではないのです。「基督信徒と社会改良」ではこう記しています。

社会改良は基督信者の道楽の一つである、彼は義務に逐はれて慈善事業には従事しないが、慈善は彼の最も耽《ふ》けり易き道楽の一つである、有名なるジヨン、ハワードは監獄改良は彼の道楽（hobby）であると云たそふだが、実にそうであつたらふと思ふ、既に神より永生の希望を賜はりて吾等は此世に在て吾等の此同胞のために何にか善き事を為さずには居られなくな

る、吾等は所謂脾肉《ひにく》の歎に堪なくなるのである、此溢るゝ計りの歓喜、吾等は之を何処《どこ》かに於て散ぜなければ耐えられないのである、故に吾等は悲哀に沈める吾等の同胞の幸福を計て吾等の心中の喜悦の圧迫を減《へら》さんとするのである、基督を信じて善事を為さゞるが如きは到底出来難い事である、吾等は此事を称して「信仰の行為《おこない》」と云ふ、是は殆ど世人の推量以外にある能力《ちから》であるが、然し其効力の確実なることは吾等基督を信ずる者の何人も認る所である。

（『内村鑑三全集』九、三三五―三三六頁）

内村は、この世に人間の力で神の国を実現させる、そのためにこの世のあり方、社会のあり方をよくしていくといったやり方には同意しない立場ですが、果てしなく注がれる神の愛に対する応答の一環としての奉仕、ディアコニアに対しては肯定的であり、「何か善き事を為さずには居られなくなる」ほどだと述べるのです。そして、「道楽」といういささか極端な言い方からも分かるように、「何よりそのはたらきが楽しいからやっているのだ」という側面がそこにあることをよく分かっていたのだと思われます。ただし、それらのはたらきによって救われる、あるいは神の国をこの世に実現できるというような考え方はしない、ということなのです。

一九一六年の「伝道の目的」で内村は次のように述べています。

○今や伝道と云へば人に善道を伝へて彼を善人となすことである、彼を善き家庭の人となすことである、彼を善き市民となすことである、彼を善き社会の会員となすことである、即《すなわ》ち此世に於ける善人となすことである、今や教会と基督信者とは此世を離れて伝道に従事しない、彼等に取りては伝道は社会奉仕《ソシヤルサービス》である、人を良く為《な》し、社会を良く為し、此地上の生涯を円満、清潔、幸福に為すこと、其事が彼等の伝道の目的である。

（『内村鑑三全集』二二、四三八頁）

なぜ内村が、これらのはたらき、すなわち人を「善き家庭の人」とし、「善き社会の会員」とするような「社会奉仕」に問題性を見出すかといえば、「教会の第一の目的がこれら社会奉仕になってしまってはおかしいのではないか」と彼が考えているからなのです。

内村は福音書に言及し、以下のように説明しています。

彼（引用者註：イエスを指す）は到る所に恩恵《めぐみ》を施し給ふた、彼は彼に来るすべての病人又鬼に憑《つ》かれたる者を癒し給ふた、彼の徳は到る所に彼より流出《ながれいで》て彼の衣に触れる者までが其憂患《わづらひ》を治《いや》された、然れども是れ彼が世に降りし目的ではなかつた、彼の伝道の目的ではなかつた、彼は世人が彼の天職の茲《ここ》に在ると思はんことを虞《おそ》れて屢々《しばしば》彼に由て疾病《やまい》を癒されし者を警《いまし》めて曰《い》ひ給ふた「汝慎みて此事を人に告ぐる勿《なか》れ」と。

（同、四三九―四四〇頁）

イエスが病人を癒しながら、「そのことを他の人には言うな」と命じたのは、イエスも病気を治す力によって人々に福音を伝えようとしていたわけではないという解釈なのではないでしょうか。イエスの目的は、福音を伝えることによって人々を救うことであって、病気を治すことそれ自体ではないということだと思われます。

土の器である我々の身体の救いを内村が否定していたわけではありません。しかし、永遠の生命、復活の希望を伝えることなく、ただ事業として社会福祉を展開するのだとしたら、公の社会福祉の仕組みが整えば教会の役割は終わってしまうということになるのではないでしょうか。内村自身も体験したように、自分が神に愛されているという実感を抱き、お互いに隣人愛をはたらかせ合うこと。さらに、それらのことを「やっていて楽しい」と感じられるとすれば、内村が苦しんだような「義務として」「ねばならない」という、当事者にゆがみ、ひずみとそこから来る苦しさを与えるものではなく、自然なあり方でのディアコニア・奉仕に関わっていくことができるようになるのではないでしょうか。

もう一つの例――奉仕者としての座古愛子

座古愛子（一八七八―一九四五年）は大正～戦中期のキリスト者であり、歌人・俳人です。もともと内村鑑三が文章中で言及していたため、興味をもったのですが、少し調べてみると、大変興味深い人物であることが明らかになってきました。神戸女学院が現在の岡田山に移転してくる前、神戸にあった頃に、その購買部に住み込みで働きながら、職員の人々等と聖書を読む会や祈禱会などを行っていた女性です。立場としては、平信徒です。

座古はリウマチのため、寝たきりでした。二〇歳の頃、キリスト教と出会い（幼少時に祖母から聖書物語等を聞かされていたので、再会とも言えますが）、救いを得ました。イエスと出会ったといっても、座古の病気が治ったということではありませんでした。しかし、病気であることを活かした役割を発見させられることとなったのです。座古はこのように書いています。

人間は自分の実験した事のほかは、極めて理解力に乏しく、同情心も薄い。達者な人が病人伝道して、私が達者な人を伝道するとしたら、飲酒家にすることをすゝめ、下戸に酒を勧めるやうなもので、全く不むきなのである。

……パウロは異邦人の使徒。学者は学生を導き、達者な人は壮健者に道を説き、私は病人に書面をおくる。……各々の天分に応じて、働けば成功で、学問の事は何にも知らんが、貧乏の悲しさや、病気の苦痛は知り尽してゐる。此二つの体験を無駄にせず、生かして使はう。それが何よりである。

（『伏屋の曙』続々編、独立堂書房、一五〇―一五一頁）

病気の人に伝道するのが自分の役割だと座古は考えたのです。リハビリによって手紙が書けるようになった座古は、病床にある人々に手紙を書いて慰め、励まし、伝道したほか、車いすや人力車などにより、実際に病気に苦しむ女性を訪問したりもしています。牧師や聖職者ではなく、平信徒ですが、自分がキリスト教と出会い、聖書を読んでどのようなことを感じたかということを、和歌や俳句、詩文等を用いて表現しながら伝道しました。

座古のはたらきについて見てみますと、座古は、自分は病人であり、病気の人のことはよく分かるから、病気の人に関わろうと考えたところが重要であるように思われます。私も、自分と同じような苦しみを経験している人のことはよく分かります。ブラック企業で働いていて、つらい思いをしている人の気持ちはよく分かると思うのです。ディアコニアが「役」「役割」とも訳されうる言葉であることはお話ししました。専門的な教育により専門家を育成するという方法ももちろんありますが、それ以外にも、同じような苦しみを抱えている人たちと関わること、我々の体験にもとづくディアコニア・奉仕のはたらきのための役割、役目があるのではないでしょうか。

我々の生活のなかには、実際のところ、多くの苦しみや困難があると思います。「奉仕」というと、「自分たちは仕える側であらねばならないのに、それができていない」という引け目を感じてしまうことがありますが、内村鑑三も自身の苦しみを抱えていたように、我々にも多くのそれぞれの苦しみがあるのです。ただ、「それを言えない」」、「誰に話したら分かってもらえるのか分からない」」、また、「話すだけでは現状は変わらないのだから意味がない」と考えてしまいます。しかし、人に話せて、聴いてもらえるだけでも、気持ちのありようとしては大分違うようにも思います。であるとすれば、そのような話を聴くはたらきというのも、ディアコニアのはたらきの一つであると思うのです。

自己責任社会、嫉妬社会を超えて（超えたい、超えられるよう祈りましょう）

現在の日本型の自己責任社会、みな「自分のことをもっと見てほしい、ケアしてほしい」と思いながら、してもらえないために、お互いに、「努力が足りないからそうなるのだ」と言い合うような社会はつらい社会であると思いますし、隙があっても許されるような社会のほうが生きやすいと思います。

教会というのが、「自己責任」的にきちんとした人の行くところとなってしまって、本当につらいときには教会に行きにくいということになると、おかしいのではないか。本当につらいときにこそ教会に行けるということであってほしい。

奉仕、隣人愛の実践といえば、サマリア人の話が思い出されるところですが、この話の気になるところは、サマリア人がお金をたくさんもっているということです。お金の余っている豊かな人であればいいですが、そうでない人も、自分の今日の食費を削ってまで奉仕のわざをなさねばならないのでしょうか。自分の体もまた重要な土の器なのであって、それを犠牲にすることが強いられるというのは少しおかしいように思います。

一方で、足りないからこそ、足りないことのつらさをよく分かるからこそ、お互いの少し余った部分を出し合うことができれば、それはよい関係性ということになるでしょう。そうであるよう祈りたいと思います。

まとめ

日本のキリスト教が今の日本に伝えるべきものの一つが、「自己責任でなくてもいいのではないか」ということではないかと思います。また、「救う側」「助ける側」であると思うことの傲慢さと、もう一方では、「自分は救われる側ではないのか」、「助けてはもらえないのか」という寂しさがあって、後者の思いが強くなりすぎると、助けられている他人に対する妬みになり、それがいわゆる「自己責任論」を極端なものにするのではないでしょうか。お互いに「努力が足りない」となじり合うような、「何でも自分でできるようになれ」ではなくて、その反対、みんな助け合う社会が我々のめざすところです。

それはどうしたらできるのでしょうか。パウル・ティリッヒ研究が専門の方に伺ったことですが、ティリッヒは「牧師はまず説教を通して世界を変えるのだ」と言っているそうです。では、牧師の説教を聞いた信徒は何をすればいいでしょうか。簡単にどうとは申せませんが、まずは聞いた話について、家に帰って家族と話し合ってみてはどうでしょう。あるいは、職場において、なかなか難しいこととは思いますが、自己責任的な考え方に対して、「そうでなくてもいいのではないか」という意見を言ってみること。会議等の場でそういう発言をすることは困難だと思いますが、あとでこっそりと話し合うのでもいいのではないでしょうか。

もちろん、専門家がすべきはたらきを素人がしようとすると共倒れのようなことになってしまいかねないですが、お互いでお互いのことを、言わせる、聞き出すというのではなく、自然と話せるような感じにすること。「この人はつらいのではないか」と思ったら、なんとなく同じ場所・同じ時間を少し過ごすといったところからも、ディアコニア、「役事」ということはあり得ると思います。そういう関係をつくることが、罪をエバになすりつけるアダムのような関係から、一人ひとりがエデンにいたときのような関係に戻るためのとっかかりとなるのではないでしょうか。

シンポジウム

平田 義・山本 誠・小柳伸顕

平田 義（ひらた・ただし）
イエス団愛隣館研修センター所長。

山本 誠（やまもと・まこと）
聖隷福祉事業団結いホーム宝塚園長。

小柳伸顕（こやなぎ・のぶあき）
釜ヶ崎キリスト教協友会、日本基督教団教師。

障がい者施設のミッションとは

社会福祉法人イエス団　平田　義

向島ニュータウン内の市営住宅の一階部分に、車いすの方が生活しやすいバリアフリーの住宅が五〇軒ほどあります。そこに柏木正行さんという重度障がい者の方が、一九八〇年から一人暮らしをされていました。その柏木さんとの出会いから私は、障がいのある方の地域生活に深く関わるようになっていきました。

柏木さんは、一九四五年に和歌山県日高郡の山間の村で生まれました。生まれてまもなく重症の新生児黄疸にかかり、脳性麻痺による四肢体幹機能障がいの後遺症を持つことになりました。小学校に入学する時期になり、自分も学校に行くものだと思っていたのですが、村の教育委員会から〝就学猶予〟という決定が出され、学校に通う機会が奪われてしまいました。近所の友達がランドセルを背負って楽しげに学校に通う姿を、自宅の二階の窓から羨ましげに眺めていたそうです。

その後、父から文字を教わり、読書にふけりながら、在宅での生活が二七年間続きました。その当時、在宅での公的介護が一切何もない時代、介護の中心を担っていたのは、高齢の両親と妹さんであったそうです。その妹さんが結婚することとなり、両親への負担が大きくなっていきました。

その頃、障がいのあるわが子を、将来を悲観した親が殺してしまうという事件が起きました（一九七〇年五月二九日に横浜市で、二人の障がい児を持つ母親が、二歳になる下の女の子をエプロンの紐でしめ殺したという事件）。その時の世論は、親が子どもの命を断ったことを責めるのではなく、福祉政策の貧困が生んだ悲劇というものや、施設さえあれば救える、あるいは、生存権を社会から否定されている障がい児を親が殺すのはやむを得ないというもので、親の罪の軽減を求める嘆願の署名が集められるという状況でした。「全国青い芝の会」（脳性麻痺者が中心の当事者団体。脳性麻痺のありのままの存在を主張し、障がい者解放運動を展開）は、「殺される障がい者の生存権はいったいどうなるのか」、「障がい者は殺されるのが、幸せなのか」、「殺人を正当化して、何が障がい者福祉か」と、母親の罪は罪として裁くよう厳正な裁判を要求する運動を行いました。

その当時、「青い芝の会」にまだ出会っていなかった柏木さんは、自分の身にも同じことが起きるのではないかとの不安が募り、京都府の山間の町に開設された身体障がい者療護施設への入所を決意されました。施設では、障がいのある仲間たちと出会い、これまでの在宅での家族だけでの生活とは違って、新鮮な日々であったそうです。

しかし、施設での生活も七年を過ぎようとしていた頃、「青い芝の会」と出会い、これまで自分が抱いていた固定観念が突き崩されることになります。自分が人里離れた施設に入所していることに疑問を持ち始めたのです。生産能力のない重度の障がいのある方々を社会から隔離し、精神的・物理的に社会から抹殺するものが障がい者収容施設ではないのか。そのような疑問を抱き、施設を出て自立生活を送ることを模索し始めました。両親からは、「絶対反対だ。施設を出ると死んでしまう」と言われ続けていましたが、「施設で死ぬくらいなら、自分の部屋で死にたい」との思いから、柏木さんは施設を退所し、地域での自立生活を始めることを決意されました。

私が柏木さんと出会ったのは一九八四年です。その頃の柏木さんの生活は、夜の介護者は埋まっていましたが、自立生活を始めた当初に世話をしてくれた学生たちが卒業していき、昼間の介護者が不足していました。夜の介護者が朝に出かけると、昼間は誰もいなくなり、食事もトイレもできないという不安な状態の日々が続いたのです。私たちから見れば、柏木さん自身が自立生活を続けていけるかどうかの瀬戸際に立たされていた時期でもあったと思いました。

しかし、柏木さんが柏木さんらしく、人間性豊かに、主体的に生きていくことが、柏木さんにとっての地域での自立生活であると教えられました。

自立生活をするというあたりまえの柏木さんの思いを継続させていくため、当時の公的介護制度の状況はお寒い限りでした。当事者の運動によって全身性介護人派遣制度など、さまざまな制度がつくられていきましたが、安心してあたりまえに地域で暮らしていけるとは決して言えない現状でした。柏木さん以外にも、向島ニュータウンの中には、自立障がい者の方、障がいのあるご夫婦の方、高齢の母と障がいのある方との二人暮らしの方、障がいのある子どもたちなど、地域生活を送る上で、さまざまな支援が必要な方が多数暮らしておられました。

そのような方々と共に、地域で安心して暮らしていくための拠点づくりの活動を続けていき、行政や共同募金会などに働きかけていきました。その結果、日中集まってくることができ、そこに行けば必要な支援が受けられるセンターとして、身体障がい者デイサービス事業「愛隣デイサービスセンター」が始まったのです。

柏木さんという人間と出会い、関係を紡ぐことによって、ここ向島でのさまざまな活動が始まっていったのです。

重症心身障がい者と言われるＫくん。彼は、重度の身体障がいと知的障がいのある方で、なおかつ医療的ケア（痰の吸引、気管支拡張剤の吸入、胃に直接管を通しての経管栄養剤の注入など）が必要な方です。

彼との出会いは、彼が高校二年生の春先でした。その前年、「向島障がい者地域生活支援センター『遊隣』」の準備会を開きました。その席上で、私の正面に座る一人のお母さんが、会議の間ずっと斜に構えて私のほうを訝しげな眼差しで見ていました。会議が終わりに近づいた時、その方はおもむろに手を挙げて発言なさいました。

「ちょっと平田さん、あなたはどんな障がいのある人でも受け入れるて言うたけど、私の横に座ってるこの人の息子さんは、痰の吸引が必要な子なんや。そんな子でも、あんた、受け入れるのか！」

そう鋭い口調で私を問い質しました。私は正直、その時点では痰の吸引とはどういったものなのか全く知識がありませんでした。ですが、次のように答えました。

「お母さんがやっておられることですよね。そして、そのお子さんが生活していく上で必要なことなんですよね。それならば、お母さん、僕たちに教えてください」

医療的ケアのことなど何も知らない強みで、そのように答えてしまったのです。この言葉がきっかけとなって、私はKくんをはじめとする、いわゆる医療的ケアを必要とする人たちと出会ったのです。

この間のKくんたちとの出会いから教えられたことの一つは、「命の重さ」ということです。彼らは日々、死と隣り合わせで精一杯生きています。彼らと同じような障がいのある人たちの中には、昨日まで元気に笑顔を見せていた人が、原因不明の突然死をするような例も少なくありません。だからといって、医療設備の整った病院の中だけで過ごすのではなく、毎日毎日いろいろな刺激を受けながら、地域の中でかけがえのない自己実現をして共に生きていくことこそ、「生きている」という証になるのではないでしょうか。

「福祉の父」と呼ばれた糸賀一雄さんは、重症児の人を指して次のように言われました。「この子らを世の光に」。この意味は、彼らこそがこの世の中を明るくする、また変革する力を持っているのだということです。まさしく、命が軽んじられている今の時代において、彼らが「命の重さ」を私に日々教えてくれています。

二〇一三年の一月二一日に開かれた社会保障制度改革国民会議（以下、国民会議）の席上で麻生太郎副総裁が、医療費問題に関連して、患者を「チューブの人間」と表現した上に、「私は遺書を書いて、『そういうことはしてもらう必要はない、さっさと死ぬんだから』と渡してあるが、そういうことができないと、なかなか死ねない」などと発言しました。続けて副総理は、「(私は)死にたい時に死なせてもらわないと困る」とも述べ、「しかも(医療費負担を)政府のお金でやってもらうというのは、ますます寝覚めが悪い。さっさと死ねるようにしてもらわないと、総合的なことを考えないと、この種の話は解決がないと思う」などと話したと報じられました。

このような発言は許されるものではありません。しかし、国を代表する国会議員の先生たちが、社会保障費削減のためには、胃ろう措置をしてまで生きる必要はなく、胃ろうを選択しないことが尊厳のある死であると主張しているのです。本当に恐ろしい話です。

今後、国会に「尊厳死法案」が提出されるおそれがあります。この法案は、「終末期の医療における患者の意思の尊重に関する法律案」とされており、人工呼吸器や胃ろうなどによる「延命治療」をせずに死を迎えることが、尊厳のある死であるとされています。このような法律が成立することによって、私たちが毎日出会っている「人工呼吸器を使って生きる」、「胃ろうや経管栄養で生きる」という重い障がいのある人々にとっての「あたりまえで、かけがいのない生」が、「尊厳のない生」とされてしまう危険性があります。私たちは、どのような様態であろうと、いかなる年齢であろうと、当然に存在する「尊厳ある生」を共に生きるために、ある特定の状態を「尊厳のない生」とされることは絶対に許されることではないと考えます。

私たちの法人イエス団では、二〇〇九年に「ミッション・ステイトメント」を策定しました。特にこだわった部分は、「社会をつくりだす」というところです。命を大切に「します」とか、隣人と共に「生きます」といった、自分たちが「そうします」ということとの実践だけではなく、そういう社会をつくりだすということを掲げるようにしました。だから、そのために自分たちが何ができるか、施設として何ができるか、地域と共に何ができるかを考えていこうというのです。私たちだけがいろいろな違いを認め合えたらいいというのではなく、また、自分たちの中で「そうしよう」というのでもなく、社会がどうなっているかということを見据えていかなければいけないという考えで策定したものです。

「社会をつくりだす」ために必要なことの一つは「気づき」です。私たちはいろいろな人たちと出会いますが、「その人の痛み、苦しみ、その人の置かれている状況はどうなのだろう」ということに気づけるか気づけないか、しっかりとアンテナをはっていなければなりません。

この社会が今、どうなっているのかということに気づくには、いろいろなことを「知る」ということも、「出会う」ということも大切になります。「出会い」によって「気づく」ことはたくさんあるのです。その出会いのために自分から出ていかないと、出会うことはできません。福祉の仕事をする中で、私たちは自分のところで出会っている人たちで精一杯になってしまっています。しかし、もう一歩外に出ることによって、地域の中にいろいろな人と出会ったり、新しいことに出会うことができます。

特に、苦しい状況にある人、生きづらさを抱えている人たちと出会い、その人たちの痛みに思いを寄せていくことが大切だと思います。福祉の現場ではそのような方々と日々出会っていますが、それは仕事としてその人たちに寄り添っているということなのか、それとも、生き方としてその人たちの生きづらさを自分たちの痛みのように感じているのか、このことが私は問われていると思います。

ディアコニア、奉仕するというのは、もともとは、そういう人たちの生きづらさのところに思いを寄せていって、自分も痛みを感じ、そういう痛みを分かち合うところから始まっていったと思います。それは、仕事としてやっているということではないだろうと思うのです。

最後に、「平和でなければ福祉はできない」と私は思っています。今の社会は、本当に平和な社会と言えるのでしょうか。戦後七〇年という節目の年に、日本のあり方が何か大きく変わっていく節目にならないかと私は危惧しています。憲法改定や、集団的自衛権、沖縄辺野古の新基地建設などについても、私たちは注視していかないと、もう後戻りができない状況になりかねません。障がい者の人たちは、あの戦時中に「穀つぶし」、生産性のない、役に立たない者と言われたのです。ナチス・ドイツの時代には、優生思想のもとでガス室送りにされた障がい者の人たちが命を奪われていったのです。

今、社会の中で、弱くさせられている人たちの命が蔑《ないがし》ろにされることなく、そのような方々の命こそが大切にされる社会をつくりだすために共にがんばりましょう。

聖隷福祉事業団　宝塚せいれいの里

結いホーム宝塚園長　山本誠

はじめに

「教会とディアコニア」を主題に開催されている今回のセミナーですが、私にとっては「ディアコニア」「聖隷」「Mastery for Service」という言葉がすべて繋がっています。「奉仕」という意味での「ディアコニア」は、昨日から議論されてきました。

私が所属している「聖隷」は、「聖なる神様の僕（奴隷）として仕えていく」という意味が込められています。聖隷福祉事業団は、一九三〇年に、目の前にいる結核患者さんを受け入れることから事業が始まりました。一九五〇年代後半になると、ドイツからディアコニッセの姉妹が来てくださり、彼女らが中心になって一九六一年に日本で最初の特別養護老人ホーム浜松十字の園が創設されました。当時は、老人福祉法もない時代であり、老人ホームは生活保護法のもとで始まりました。

「Mastery for Service」は、私自身が関西学院大学で学ばせていただいた際に出会った言葉です。

まさに「仕える者として」を表している言葉だと思っています。聖隷福祉事業団の基本理念は「隣人愛」です。この基本理念を私どものはたらきの礎として大事にしてきました。

宝塚せいれいの里　結いホーム宝塚

私が働いているのは、「宝塚せいれいの里」の中にある「結いホーム宝塚」（定員一〇〇名）で、二〇一三年一一月にオープンしました。せいれいの里の中には、二〇一四年四月に開設した特別養護老人ホームの「宝塚すみれ栄光園」（入所一〇〇名、短期入所二〇名）と「ケアハウス宝塚」（定員六〇名）があり、三つの施設が連携しながら、合計二八〇名の方々が暮らす高齢者コミュニティーをつくりあげています。

結いホーム宝塚は、介護付有料老人ホームということになりますが、二〇〇〇年の社会福祉基礎構造改革以降、株式会社やＮＰＯ法人など、さまざまな法人が参入するこの業界で、社会福祉法人が運営する施設であることにこだわりを持っています。幸いにも、多くの方々のご支援により、一〇〇名定員が満床になりましたが、これは宝塚の地で長きにわたり仕事をさせていただいてきたからこそだと考えています。

宝塚地区の聖隷のはたらき

宝塚のゆずり葉台にある特別養護老人ホーム宝塚栄光園は、宝塚市内最初の特養として一九七九年に開設しました。同じ時期に、有料老人ホームの宝塚エデンの園も建てられています。一九九九年になると、市内二番目の特養として花屋敷栄光園が始まります。介護保険がまさに始まろうとしている時期で、これ以降、市内には他の法人による特養も増えてきました。この二つの施設での実践が認められ、高齢者分野ではデイサービスや訪問介護・看護の仕事、ケアプランセンターとそのはたらきが広がっています。児童分野では、保育所が三箇所、そのうちの二つは児童館を併設した施設です。事業が広がることによって、宝塚地区の職員は八〇〇名を超えています。

関西地区、全国各地での聖隷のはたらき

関西地区では、宝塚にとどまらず、淡路島や奈良でのはたらきもあります。淡路島では、聖隷淡路病院をはじめ、特別養護老人ホームを二箇所運営しています。奈良では、有料老人ホームや老人保健施設があります。それぞれの地区において、施設と在宅の事業が連携しながら、「点」にとどまらない「面」での実践を積み重ねています。

全国に目を向ければ、東はディズニーランドがある浦安市などの千葉県や、神奈川県、東京都、そして聖隷事業団本部のある静岡県浜松市周辺は多くの施設や事業が集中していますが、西の松江や奄美大島、沖縄でも事業が展開されています。二〇一五年一月現在で、全国で一三九施設、二八六事業を運営する日本最大の社会福祉法人であり、職員数も一万三〇〇〇名を超える大きな組織です。

聖隷のシンボルマークの由来

最後の晩餐のとき、イエスは夕食の席から立ち上がって上着を脱ぎ、手ぬぐいをとって腰に巻き、たらいに入った水で弟子たちの足を洗いました。

聖隷のシンボルマークの外側の二重円は、最後の晩餐でイエスが弟子たちの足を洗った「たらい」を表しています。内側の三つの円は、聖隷が使命とする医療（赤）、福祉（緑）、教育（青）を象徴しています。中央の十字架はキリスト教を示し、聖隷のすべての事業が、キリスト教会の中から始まったことを示しています。

聖隷福祉事業団の創設の心と四つの事業分野

「自分のようにあなたの隣人を愛しなさい」を理念とする聖隷のはじまりは、行き場を失った結核を患う青年を、クリスチャン青年たちが受け入れたことでした。自分たちも結核になるかもしれないという危険を顧みず、共に生きていくことを決断しました。その後の医療技術の進歩の中で、結核が治る病気になると、手術のできる病院、社会復帰のための生活の場（施設）、担い手となる看護師の学校、聖隷の職員や地域の子どものための保育園等、その時々のニーズに応えていくために事業は広がっていきます。社会が必要とする先駆的・開拓的な取り組み、たとえば日本で最初の有料老人ホーム（一九七三年）やホスピス（一九八一年）の開設、未熟児センターの設置（一九七七年）やベトナム難民の受け入れ（一九七七年）等は、経済的な裏付けがあったわけではなく、それを求めている人たちがいたからこそ創められた事業の数々です。

今日では、「医療」「保健」「福祉」「介護サービス」の四つの分野を総合的に提供させていただいています。

初代理事長の長谷川保の言葉から

聖隷の初代理事長の長谷川保の言葉の中に、「法律を超えろ」「必要なものは後からついてくる」というものがあります。地域にあるニーズに真向から時に、法律・制度がないからできないではなく、本当に必要なことはやらなくてはならないという強い信念がありました。聖隷浜松病院の竣工式の折には、行政関係者を含む来賓を前にして、「神様、もしあなたの御用に立てなかったら、いつでもつぶしてください」と大きな声で祈りました。先駆的な仕事を担ってきた先人たちの実践は、現在もさまざまなところに受け継がれています。

隣人愛の基本理念を分かりやすく

三代目の現理事長は、ノンクリスチャンです。「隣人愛」という聖隷の基本理念について、だれにでも分かる言葉で具体的に示せるようにプロジェクトを設置し、議論を踏まえて、基本理念を記した上で「使命」「ビジョン二〇二〇」「職員の行動指針」というかたちにまとめあげました。

これは、日本中にある聖隷のすべての施設の入り口、つまり利用者・家族・職員の目に留まるところに掲げられています。

高齢化、教会、教会の可能性

二〇二五年問題がよく取り上げられますが、それは、団塊の世代が七五歳以上の後期高齢者になる時であり、介護・医療費等、社会保障費の急増が懸念されています。

私たちの社会がどのように対応できるのか。これは教会の問題でもあります。現在でも、若い人が少なく、高齢者ばかりになっている教会が、どのようにしていくのかが問われています。教会員が減少し、高齢のために教会に来られない方がいます。教会においては、誰が誰を支えようとしているのか。教会員への支援だけにとどまらず、教会のあるその地域に求められていることが何なのかを考えていかなくてはなりません。

Aさんの事例から――スピリチュアル・ペイン、スピリチュアル・ケア

Aさんはとても頑固な方です。もともと教員であり、自治会長等も歴任してきました。末期がんのために、施設としては介護保険のもと、看取りの契約を結んでいます。

歩けていたのに車いすの生活になり、痛み止めもなかなか効かないために、麻薬も使用しながら痛みを抑えています。身体的な痛みについては、さまざまな医学的な方法はありますが、できていたことができなくなることに対するストレスは高くなる一方です。言葉も荒くなり、命令口

調になることも少なくありません。

また家族への思いも複雑です。娘さん、息子さんの兄弟関係・家族関係も、施設入居以前より決して良好とは言えなかったようです。娘さんがAさんに面会に来ると荒れるということが何度もありました。

思いどおりにならない中で、職員にはわがままに映るようなことが増えてきます。職員に対する暴言・暴力、食堂で大声を張り上げ、次第に他の入居者を攻撃するようにもなってしまいました。これ以上、行き過ぎた行動が続くと、集団生活の継続ができないために、家族と一緒になってAさんに話をさせていただきましたが、それを受け入れる余地はありませんでした。

「痛み」に対して、私たちに何ができるのかが問われます。身体的な痛みが和らぐようにと麻薬パッチを貼らせていただきますが、それで痛みが和らぐのか。身体的な痛みを和らげるためには、精神的な痛み、スピリチュアルな痛みに向き合う必要があることを思います。

Bさんの事例から

Bさんは、とても素敵なクリスチャンの女性です。施設で開催されている「聖書を読む会」にも出席してくださっていました。

しかし、時が経つにつれてだんだん食べられなくなってきました。「眠れない」と訴えてくることも少なくありません。蚊の鳴くような声で「助けて」と訴えてくることもたびたびです。息子さんのお一人が、ある時期、一週間ほど滞在して、お母様と一緒に過ごしました。息子さんから、「母の『助けて』という訴えは、神様と話をしているのかもしれない」と言われました。所属教会の牧師先生に連絡を取り、施設に訪問してもらいました。牧師先生からは、「教会の方々を連れてきて、一緒に施設で讃美歌を歌わせていただきたい」とのお願いがありました。

施設での身体的な介護には限界があります。身体がだんだん動かなくなり、食も進まなくなってきます。すべてのことにさまざまな人の手が必要になってくるのです。そのような時の「助けて」の叫びに対して、施設職員はどのように応えられるのでしょうか。施設職員のできることの限界を受け入れなくてはなりません。教会は、この叫びにどのように応えられますか。「助けて」と目の前に突きつけられていることを共有したいと思います。

おわりに

施設がオープンして一年半近くが経とうとしています。この間、施設で看取りをさせていただいた方、病院に入院され、天に召された方など、一〇名近くの方々とお別れをしてきました。死を見つめる時に、改めて生とどう向き合うかを考えさせられます。

人を人として

釜ヶ崎キリスト教協友会　日本基督教団牧師　小柳伸顕

大阪の日産労働者の町、釜ヶ崎に関わって、今年で四七年目になります。そこでの経験をもとに発題します。

キーワードは①「ヌチドウタカラ」、②「チムグリサ」、③「人を人として」です。このキーワードは、長年一緒に活動してきた釜ヶ崎キリスト教協友会の精神でもあります。①と②は沖縄のことばです。①は、命こそ宝、②は、肝（心）が締めつけられるほど痛い、断腸の思いとでも言いかえられます。そして、③は文字通りです。

釜ヶ崎キリスト教協友会は今年四五年目になります。この精神は、結成時の人々の中にあったと思いますので、結成時に集った五人の人々のお話をすることで「教会とディアコニア」とはどんなことかを考えるヒントになれば嬉しいです。釜ヶ崎キリスト教の歩みやその活動については、釜ヶ崎キリスト教協友会活動パンフレット『人を人として』（二〇〇九年）をご参照ください。

1　愛徳姉妹会のシスター・カッタンさん

釜ヶ崎とキリスト教の出会いは、一九三三年にフランスから来日した愛徳姉妹会の三人のシスターに始まります。シスターたちは、当時スラムと呼ばれていた釜ヶ崎で聖心セツルメント活動を始めます。保育、医療、そして今で言う学童保育等々です。

三人の名前は、シスター・テルミエ、シスター・カッタン、シスター・アンジエラです。三人は、愛徳姉妹会創立三〇〇年を記念して日本へと送り出されました。紹介したのはパリ・ミッション（パリ外国宣教会）の司祭です。理由は、釜ヶ崎で直接働くシスターが必要という、宝塚の小林にいた聖心修道会マザー・マイヤからの要請でした。

一般にシスターたちは、街路で働きません。しかし、愛徳姉妹会のシスターたちは、創設者ビンセンシオ・ア・パウロ（一五八一―一六六〇年）の願いである「街路を修道院とする」に従い、直接、人々に接したのです。貧しい人々に仕えるために病人の家を訪ねました。ですから、「訪問姉妹会」とも呼ばれました。「愛徳姉妹会」というのも、当時の人々がつけたあだ名です。人々は、このシスターたちの街路で働く姿を見て、いつしか「愛に満ちた娘たち」と呼び、それが定着して修道会の名前になりました。修道会の設立は一六三三年ですが、ローマは五年間その活動を修道会として認めず、公認されたのは一六三八年です。

日本に来た三人のシスターは、戦争中も釜ヶ崎で働きます。一九四四年には、「セツルメント」は敵性語だからと禁止され、「聖心隣保館」と名前を強制的に変えさせられました。また、一九四五年の大阪大空襲で聖心セツルメントは全焼します。その焼け跡を見ていたシスターは、スパイだとして警察で暴力を振るわれました。焼け跡に立つシスターの写真があります。

戦後も三人は帰国することなく大阪駅周辺で戦災孤児の救助活動に参加し、二人のシスター、テルミエとアンジェラは、活動中に感染したチフスで病死します。戦後すぐのことでした。シスターたちの活動については、シスター・テルミエのお姉さんがまとめた記録『花咲く島へ』（一九五二年、フランスにて出版、日本語訳は一九八四年）で知ることができます。

戦火で拠点を失った愛徳姉妹会は、一時、釜ヶ崎を離れます。しかし、戦後、「ヨゼフハウス」として再び活動を始めたのがシスター・カッタンです。民間の診療所で働き始めます。その働きは、いつも「街路を修道院とする」がモットーで、今日まで続いています（パンフレット三―五頁）。

2　ドイツからの宣教師E・ストロームさん

戦後、釜ヶ崎で活動を始めた二人目は、ドイツから来たストロームさんです。ストロームさんは、一九五三年、ミッドナイト・ミッションの宣教師として来日しました。性産業で働く女性の更生が課題でした。しかし、日本の事情はドイツと違い、ストロームさんは十分な取り組みができず、帰国を考えていました。その時に出会ったのが釜ヶ崎です。一九六四年のことでした。釜ヶ崎にある課題が自分の探していたものと考え、ミッドナイト・ミッションを辞め、釜ヶ崎で生活を始めます。

教会のパートナーは日本福音ルーテル教会です。しかし教会は、ストロームさんの活動を教会の宣教ではないとして、協力を拒みました。ストロームさんは、子どものこと、アルコール依存症の労働者の問題に取り組んでいました。この取り組みがやがて、日本福音ルーテル教会も認めた労働者のアルコール依存を専門とする施設「喜望の家」の誕生につながります。ストロームさんは、釜ヶ崎で直面した問題を教会の課題として取り上げ、取り組みを教会に求めたのですが、初めはなかなか理解されませんでした。さらに、「教会へ来てもらっては困る」とまで言われ、日曜日になると京都宇治にあるお寺に行ったこともあったそうです。この間の事情は、『喜望の町――釜ヶ崎に生きて二〇年』（一九八八年、日本基督教団出版局）に詳しく書かれています。

「喜望の家」をスタートさせた時は、教会だけでなく、地域からも反対の声が上がりました。それを聞いた時、地域の人々は勝手だと思いました。さんざんお酒を売って労働者のアルコール依存症を助長させながら、その解決のために働く拠点をつくろうとすると、「アルコール依存症の人が集まったら、何を起こすか分からない」と言って反対したのです。

このストロームさんが一九六九年、シスター・カッタンと釜ヶ崎で出会ったことが、後の釜ヶ崎協友会ができる大きなきっかけになりました。

3　エマウス運動の谷安郎さん

三人目は、暁光会大阪支部の責任者、谷安郎さんです。暁光会は、フランスで生まれたエマウス運動の流れを汲む運動です。谷さんは一九五七年に暁光会のメンバーになり、一九五八年から大阪支部で働き、釜ヶ崎との関わりは一九六五年からです。また、次に紹介する金井愛明牧師が釜ヶ崎で活動を始めた時、その働きを背後から支援したのも谷さんです。

暁光会は、フランスから来た司祭バラードさんによって神戸で始められました。野宿生活者の支援で、活動資金源は廃品回収です。バラードさんは、エマウス運動と、東京の北原怜子さんの始めた「蟻の町」運動に学びつつ、神戸で始めました。

エマウス運動は、フランスで始まったホームレス支援運動で、一九四八年、第二次世界大戦後のフランスがまだ混乱期にあった時、司祭アベ・ピエールさんが起こしたものです。エマウス・ハウス運動と言われるように、野宿生活者に宿舎を提供し、生活費は廃品回収で生み出す運動です。運動のモットーは「生きることは愛すること」「愛することは行うこと」です。

この運動が世界に展開されるようになるきっかけは、一九五四年冬、二〇〇〇人のパリの野宿生活者救援を呼びかけた五分間のラジオ放送でした。当時、アベ・ピエールさんは、刑期を終えて社会復帰するものの社会から排除されて自殺を試みた一人の男性とエマウス運動に取り組んでいました。

時間の関係でアベ・ピエールさんの紹介はこれで省略しますが、木崎さと子さんがお書きになった『路上からの復活』（二〇一〇年、女子パウロ会）、また、アベ・ピエール『遺言――苦しむ人々とともに』（一九九五年、人文書院）をぜひお読みください。

暁光会大阪支部は、このエマウス運動の日本における一つの拠点で、釜ヶ崎のすぐ近くにあります。暁光会は、毎日、廃品回収をし、集めた品を仕分け、それを共同体で使い、売れるものは売り、そこから生まれた資金でより貧しい人たちを支援する運動体です。

すでにお気づきと思いますが、エマウス運動とは、ルカ福音書二四章一三―三五節にある「エマオの出来事」に由来します。エマオ途上における復活したイエスと弟子との出会いに基づくものです。イエスの死で絶望の中にあった弟子たちが、復活のイエスに出会い、希望を持って生き始めた物語です。

釜ヶ崎キリスト教協友会は、結成時、「釜ヶ崎協友会」でした。それは、谷さんが「キリスト教かそうでないかは、協友会のすることを見て人が判断することなので、入れなくてもいい」と主張されたからです。キリスト教が入ったのは、釜ヶ崎にいろいろなグループができ、旗色を明らかにするほうがいいということで、後日つけた名前です。

4　単独で釜ヶ崎へ来た牧師金井愛明さん

これまで紹介した三人は、それぞれ支援する組織がありました。しかし、金井愛明さんは日本基督教団の牧師でしたが、教団の支援など受けずに単独で釜ヶ崎の生活を始めました。

金井さんと釜ヶ崎との出会いは、大阪堺の石油コンビナートで一般社員とはまったく異なる服装で働いていた人と出会ったことです。その労働者と話した時、労働者は日雇い労働者として釜ヶ崎から送り込まれていることを知ります。一九六七年です。金井さんはこれまで、大企業の組織された労働者こそ労働者だと、関西労働者伝道委員会の専任者として活動してきました。しかし、現場に足を運んでみると、いちばん危険で、人が嫌う汚い労働は、釜ヶ崎から来ている日雇い労働者が負わされていました。しかも、その労働がその現場で最も重要な仕事だと気づきます。その時、金井さんは、まさに直感で、これこそ自分の課題だと決断し、専任者を辞任し、釜ヶ崎に住み、一年間、一日雇い労働者として働くことになります。この時、金井さんを支援したのが谷さんだったことはすでに述べました。

そんな時、不思議なことに、金井さんの志を応援する人が出てきて、活動に役立ててほしいと購入されたのが「いこいの家」です。さらに、その後、有志により、活動の拠点になった「いこい食堂」も提供されます。「いこいの家」では、無料診療所や子どもの学習会、日曜集会をしました。

また、金井さんが釜ヶ崎で生活を始めた頃は、釜ヶ崎でも激しい労働運動が起こり、たくさんの労働者が逮捕されました。その保釈や裁判の時、金井さんは進んでその身元引受人になりました。ですから、金井さんが逝った二〇〇七年一一月一二日の翌年、二〇〇八年五月一五日、先の労働者たちが発起人となり「金井愛明五・一五記念集会」が開かれました。さらに、その集会の発言を中心に『釜ヶ崎に生きて――金井愛明の四〇年』が編集・出版され、金井愛明さんを追悼しました。

金井さんは、一九七六年、日本基督教団西成教会牧師に就任しますが、毎日「いこい食堂」へ出勤されていました。入院生活をするまでは、「いこい食堂」が金井さんの活動の場でした。金井さんが大切にした人物は、ゼーレン・キェルケゴール、シモーヌ・ヴェイユ、そして田中正造でした。また、シモーヌ・ヴェイユに倣って「主の祈り」を行ずるが口ぐせでした。

5　フランシスコ会司祭ハインリッヒさん

五人目は、一九七〇年から釜ヶ崎で活動を始めたハインリッヒさんです。日本にキリスト教を伝えようとドイツから来るのですが、伝えようとしたものがすでに日本社会にあると気づきます。そうした宣教師としての苦悩を、釜ヶ崎から信州の教会に赴任する時にまとめた『福音の挑戦――釜ヶ崎から』（一九八六年）でハインリッヒさんは吐露しています。

ハインリッヒさんが釜ヶ崎で働き始めた時、最初に取り組んだのは、高齢労働者の問題、それも食の問題でした。一九七〇年なので、四五年前になります。具体的には、「ふるさとの家」をつくり、その一階で高齢者に限定した食堂を開き、カトリックの信徒さんと一緒に食事をつくり、食事をテーブルに運びました。その時の姿は、『釜ヶ崎キリスト教協友会四〇年誌』（二〇一一年、釜ヶ崎キリスト教協友会、六五頁）にあります。同じく『福音の挑戦』にも収められていますので、読むことができます。

バチカン公会議や釜ヶ崎からの問いかけが、ハインリッヒさんの宣教の姿勢を大きく変えたのです。それは、高齢者の前でミサを行うハインリッヒさんではなく、高齢者の中でエプロンをして働くハインリッヒさんです。

まとめに代えて

以上の五人は、国も背景も実にさまざまです。しかし、五人のキリスト者がバラバラに働くのではなく、協力して何かできないかというストロームさんの呼びかけで、一九七〇年一一月「釜ヶ崎協友会」が結成されました。五人が一つのことをするのではなく、互いに助け合いながら、自分の得意な分野で働く、そして釜ヶ崎の労働者と共に活動していったんです。そこには「街路を修道院とする」というビンセンシオ・ア・パウロの愛徳姉妹会の精神、あるいは、アベ・ピエールの「生きることは愛すること」「愛することは行うこと」との呼びかけが生きています。

わたしは、釜ヶ崎で最初の七年間は、あいりん小中学校で不就学児たちのスクール・ケースワーカーとして働きました。そして一九七五年から今日まで、釜ヶ崎キリスト教協友会の一人のメンバーとして活動を共にしてきました。

釜ヶ崎キリスト教協友会は、その歩みを通して、一人一人のメンバーが「命どう宝」「肝苦りさ」「人を人として」をいつも心にとめて活動してきたと思います。ビンセンシオ・ア・パウロに倣い、プロテスタント的に言えば、「街路を教会とする」とでも言えます。

それは釜ヶ崎の労働者が若い時は、日本の社会を最底辺で支える労働をしながら、高齢になり仕事ができなくなると野宿を強いられ、時には若者たちから襲撃されて命を落としたり、路上で孤独死するような社会をつくりださない努力を、地域の労働者、住民と共にすることに通じると言えないでしょうか。

ディスカッション

榎本　シンポジウムで三名の先生からお話を聞いて、感想なりコメントなり質問なりをしていただきたいのですが、いかがでしょうか。

フロア1　私自身が障害を持ったのは、ハワイで四歳の時でした。教会の牧師先生の毎日のお祈りを通じて教会と触れ、一カ月の意識不明から目覚めました。その時、ある日系一世の牧師夫人による強い言葉とお祈りから私は、「自分が助かったのは何か意味があるのだろう」と考えるようになりました。その方は、知らない人でも、何か手術があると、行ってお祈りされるのですが、何でも「お医者さんは人間なので、間違いがないとも限らないから、お祈りに行かしてもらうのよ」と言っておられたそうです。

このたびのセミナーを通じて、障害者がどのようにして生きていけばいいかということを教えられました。私は日本に帰ってきてから四〇年になりますが、その間、医療も福祉もずいぶん進んできたように思います。私はどちらかというと受けるほうの立場で、教会でも隅にいるような人間でしたが、福祉の世界では、こちらから何でも要求することが大切なのだということを感じました。

私は二〇年間、お医者さんやケースワーカー、福祉関係や医療関係の方と接してきて、教会の先生より、むしろ病院の先生や運動療法の先生にカウンセリングみたいな感じで悩みを聞いてもらってきました。ですから、これから教会がそういう人々に届いていくためにはどういうことができるのかなと思いました。

榎本　どうもありがとうございました。では、お話をしていただいた三名の先生方にそれぞれ、感じられたことをお聞かせいただけますでしょうか。

平田　私は今、日本基督教団・向島伝道所で担任牧師をやっています。そこに集まってくるのは知的障害を持った方などで、その教会の主任牧師も視覚障害を持っておられます。

教会自身、社会の中にある教会としての働きとは本当はどうあるべきか、もっと考えていく必要があるのではないでしょうか。いろいろな人が集まってこられるのが教会だと思うのですが、本当にそこに排除の考えがないのかどうか。自分たちだけが集まって、「二・一一の集会をやりました」とか、「平和聖日です、平和のことを考えました」とか、自分たちはいろいろなことを考えているよ、いろんなことをやっているよと言うのですが、そこからどう社会にアピールしていって、社会を変えるための動きというところまでコミットしていこうという決意を持っているのか、それが本当は問われているのではないでしょうか。

福祉の現場でも、そこに利用者と言われる人たちが来て、その人たちのことを支援しているだけで終わっていないかということが問われています。地域との関わりとか、どう社会を変えていくかという視点を常に持っていなければいけないと思うのです。

山本　私は二年前、聖隷の大学を離れ、聖隷福祉事業団の本部に行きました。当時、直属の上司であった部長さんが、「定年退職を繰り上げて早期退職させてもらう」と私に話してくれました。同志社大学出身で、三十数年前、特養の宝塚栄光園がオープンした時、職員としてスタートし、宝塚栄光園の園長や宝塚エデンの園の園長も歴任した方でしたが、「自分は三十数年間、聖隷で多くのことを学んだ。自分のあと一〇年を考えた時に、教会で仕事がしたい。教会から発信していきたい」ということでした。その方は今、逆瀬川にある教会でデイサービスをやっています。すごいと思いました。自分の育てられた場所に戻って、教会の中で、自分がこれまで積み重ねてきた福祉のわざを実践している。祈りから始まった幻を形にしているのです。教会には高齢者の方が多くなり、礼拝に来られないことから、車での送迎をしていました。その人たちの月火水木金土はというと、家で一人ぼっちです。「それなら、昼間ゆっくりできる場所、楽しめる場所として、教会を使えばいい。教会があいている」ということからデイサービスが始まったそうです。介護保険の仕組みを取り入れて、自分がケアマネージャーの資格を取って、昨年からケアプランを作っています。「聖隷では今はできない」と彼が言ったのは、聖隷が大きくなり、組織として小回りのきく仕事をするのはなかなか難しい。それならば、自分はこれまでの経験から、自分のできる、身の丈にあった仕事をしたい。それが教会の仕事であり、福祉の仕事だったのです。

小柳　教会って何だろうということを、もう一度考えなければならないんじゃないかと思います。たとえば、日曜日に礼拝をして、そこに何人集まったから、あれは素晴らしい教会だと言われますが、「そうなのかな」と思います。

私が小学校二年生の時に敗戦でしたが、うちの父親は戦争中も教会に行っていました。二、三人しか集まらず、牧師も軍隊に行っていました。そういう時代を再び来させないような活動をしないと駄目じゃないかなと、最近、特に感じています。だからこそ、テレビで安倍首相がものすごく興奮してしゃべっているのを見て、ドイツのある指導者と顔が一致してくるということに教会は敏感にならなきゃならないと思います。

一方、教会は空間を持っているわけですから、そこをどうやって社会に提供するかということも大切です。社会教育の場として教会を使うことが大切ではないでしょうか。「ここは聖なる場所なので、日曜日の礼拝時間以外は入ってはいけません」、「祈り以外はしてはいけません」というようなところから脱出すれば、可能性が出てくるのかなと思っています。

それは、神学教育でどういう牧師を世に送り出すかということも関係しています。日本基督教団はものすごく規則に縛られた牧師を出していますが、それでは教会にもう期待できないだろうと思います。こんな時代だからこそ、抵抗できるような人たちが生まれる必要があるのではないでしょうか。考えてみたら、イエスは結局、ユダヤ教指導者に抵抗して殺されたのですから、そのところは大切にしなきゃならないと思っています。従順じゃなくて、抵抗というところ、あるいは疑うということ、ここに集まった方々も教会でメッセージをする時には、そんなことを言っていいんじゃないかなと、そうしたら何か生まれてくるのではないかなと、かすかに期待を持っています。

榎本　はい、荒川先生。

荒川　荒川純太郎です。広島の中山間地域の農村に入り込んで、共生庵というのをやっています。そこにやって来る人にいろんなことを体験してもらいながら、自然を切り口にワークショップをして、こちらから押しつけないで、いろんな角度から「あなたにとってどうなの」「あなたはこのことをどう感じたの」ということを語り合う活動をずっとやっています。

平田さんに聞きたいんですが、愛隣館の研修センターではどのような「研修」をしているのでしょうか。「福祉は社会を変える力を持ち得ているか」というのを、教会に置き換えて、「教会は社会を変える力を持ち得ているか」というと、とんでもないと思ってしまいますが、逆に福祉の現場が教会を変える力はあるんじゃないかと思います。小柳先生は、素敵な人と直接、面と向かって、顔と名前がきちんと残るようないろんな現場を持っていらっしゃると思うんですけども、それを教会の変革、改革のための研修の場にできればと思います。ただ、そのへんを教会に対して遠慮しているのではないでしょうか。「教会は何をしているのか」、「この現実を知っているのか」、「もっとここから教会を、聖書の御言葉を考えてほしい」という突きつけがあるような研修センター、若い人にそういうモチベーションを与えるようなフィールドであればと思います。そうすれば、この「教会とディアコニア」という素敵な、素晴らしいプロジェクトに一つ風穴を開けることができるのではないかと思います。

平田　「研修センター」という名前がついたのは、最初、箱だけがあって、地域の人たちにそこを使ってもらいながらというのと、法人で働く職員の人たちが研修する場という意味合いがあったのかもしれません。ただ、今もこういう研修センターというかたちで自分たちが活動していく中で、我々のところに来て、いろんな障害のある人と出会って、そこで感じたことを自分たちの現場で生かしてもらう。また、何かを感じ、気づきを与えられて、変えられていく。障害を持っている方々は、そういう人を変える力を持っていると思います。その人のことを本気で分かろうと思うと、自分もさらけ出しながら分かっていこうとしなければいけないので、自分も変えられていきます。本気で関わろうと思えば、変えられていくと思うんです。そういう出会いの場として来てもらうのは、本当に僕らもうれしいことです。ただ、何か仕組みを作ってそういう研修をやっているというわけではありませんが、どなたでも来ていただいて、働いてもらっています。働いている人同士でも、そこで気づき合うというか、違いを認め合っていくことができるのが、我々のところの特徴かなと思っています。

荒川　それにしても、なんで研修センターなのでしょうか。

平田　コミュニティ・センターのつもりなんですけどね。「セトゥルメント」という言葉をまた復活させましょうかね。

フロア２　次の礼拝説教で教会の皆さんに、このセミナーで学んだことを語ろうと思います。一人だけ受けても、「自分たちはこうや」ということを共有し合わないと意味がないですから。それでまず一つは、「ディアコニア」は「奉仕」「仕える」ということよりも、「勤め」「役目」だというのは使えると思いました。「皆さん、何か自分の務めがあるでしょう」と。

　でも、実際に教会には難しいことがいろいろとあって、その一つは、高齢化のため、教会に行きたくても行けないという問題を抱えています。そこで、送迎も含めて、一人暮らしの方を訪れるなど、いろんなことをやろうとします。ところが、車の送迎でも、「もし何か事故があった時、どうするんや」、「保険かけなあかんやないか」と責任問題を言われ、結局、今は宙に浮いています。「こうしたらいいだろう。皆さんのためにもなるだろう。それがいちばん基本ではないか。また、そこから出発にもなるであろう」と言っても、「教会でもし何かあった時、誰が責任を持つのか」という発想に終わりがちというのが、現在の教会が抱える一つ大きい問題ではないかと思います。

　それと、「基本は聖書だから、勉強しなきゃあかん」ということで、聖書を学ぶ会を月一回行っています。説教をもっと深くというのであれば、別の機会に学ぶ会をやるのがいちばん自然な流れですが、その次のステップになると、なかなか人が集まらない。そういうことで、池澤夏樹さんやヘンリー・ナウエン、トゥルニエの『人生の四季』などの読書会を呼びかけたら、教会外の地域の方々が来てくださって、現在、七、八名で定期的に続いています。

我々自身、教会はこうでないといけないという枠、あるいは縛りの中で委縮しているのではないかなと感じています。我々が自由にやりたいことを超えたことが、教会を通して、教会を介して、地域の皆さん、またもっともっと広がっていったら、何でも交流、キャッチボールですから、それがきっかけとなって、「何かあればおもろいな、行ってみよう」と、教会ももっと活性化していくと思うんです。でも、現実に勝負すると、「これはいったい誰が責任持つんや」というところがあります。皆さん、そこらへんはどのように考えておられるのでしょうか。また、さっき平田さんから、教会学校で育った人たちが愛隣館のお手伝いしているということを聞きますと、「ああ、これはすごいなあ」と改めて尊敬しますので、そういうこともぜひ教えてください。他の教会の皆さん方も、私の意見がきっかけとなって何か言っていただけたらと思います。

榎本　どうもありがとうございました。自分もこの件について話したいという方、いらっしゃいますでしょうか。

吉村　私は連れ合いと一緒に精神障害の助産施設の立ち上げとグループホームをやっています。たとえば、上智大学の社会福祉学科を卒業して社会福祉の職員になるのは、学年で一人というのが現実です。みんな他のところ、公務員になったり、一般企業に勤めたりするので、福祉施設はなかなか人材を得られません。福祉の現場は、一人いくらという計算に入っていて、事業もそれに合わせないとやっていけないし、職員も給料が確実に出されるかどうか分からないという状況で、積極的に社会福祉を担う人材を作るのは非常に難しくなっています。そういう中で、ぜひキリスト教会にはスピリチュアリティをしっかり訴えていっていただきたいと思います。また、ミッションスクールでもクリスチャンの先生たちがどんどん減っていますが、そこの学校なり施設なりをどう使うか、覚え合い、繋がり合いながら、教会が具体的に祈っていく中で、またいろんな交流が出てくるのではないかと期待しています。

榎本　ありがとうございました。最後に、もう一つだけ、ご質問はありませんか。

藤原　私は藤井美和先生のゼミ生で、子どもの福祉施設で働いています。聖隷福祉事業団でノンクリスチャンの理事長を迎えられた時、誰でも分かりやすく伝わる言葉を作って貼り出され、それを実践されたと伺い、素晴らしいと思いました。律法学者とは違い、イエス様は「野の花を見なさい、空の鳥を見なさい」とおっしゃったと木原先生は話されましたが、そのこととぴったり合っていると思います。また昨日の懇親会の中でも、ルターが信仰義認論について、信仰によって義とされるというあたりで、言葉を持ったことから力になった、我々も言葉を持とうという話がありました。そこで、「ディアコニア」という言葉をこの日本でどう根づかせていくか、子どもにも分かるかたちでどのようにファシリテイトしていくかということに私は興味を持っているので、教えていただけるとありがたいと思います。

山本　私が大学から聖隷福祉事業団に来て感心したのは、研修を頻繁にやっていることです。一年目から新人研修、二年目・三年目の研修、中堅の研修、また係長、課長になる人たちの研修もあります。私の施設でも役職者たちは、基本理念である「隣人愛」という言葉を「私が経験したこと」としてかみくだいて、パートさん、若い職員に一生懸命伝えているのです。聖隷の中ではクリスチャンが少なくなっていますが、研修の積み重ねによって、その理念、立ち返る場所がどこなのかを確認しています。

日本で最初の特養である浜松十字の園で働いたディアコニッセの働きを思います。当時の特養は大部屋でしたが、ディアコニッセの姉妹は部屋に入る時にはまず一礼して、「おむつ交換をさせていただきますね」と声をかけ、寒くないように、ふとんに自分が頭を突っ込んでおむつ交換をして、それが終わったらいったん部屋を出て、もう一回入り直し、次に「Bさん、おむつ交換しますね」と話しかけていました。大部屋で暮らす一人ひとりも大事にされていたのです。それは、共に生きる実践であり、一人ひとりの個別性を大事にした実践とも言えるでしょう。「ディアコニッセ」という言葉を分かりやすく置き換える力を私自身は持っていませんが、彼女たちの実践から多くを学ばせていただきました。

榎本　どうもありがとうございました。三先生方、最後に何かありますか。

小柳　私たちは釜ヶ崎で「こども夜回り」を、冬の間だけ、土曜日の夜にしています。それは、子どもたちがご飯を炊いて、おにぎりを握り、のりを巻き、お茶を作って、自分たちで持っていくんですが、誰もこれは「ディアコニア」「ディアコニッセ」だとは言っていません。でも、自分が作ったおにぎりを野宿しているおじさんたちが喜んで受け取ってくれる時に、彼らは自分が何をしているかは、理屈じゃなくて体で感じていると思うんです。「おっちゃんも人間やということに気がついた」と。

山本　日本キリスト教社会福祉学会の大会が六月二六・二七日に名古屋で開催されます。テーマを「キリスト教社会福祉の使命――目の前のいのちに向かい合う」として、基調講演では柏木先生がお話しくださいます。毎年、キリスト者が集い、議論をして一緒に悩みますが、その中で次に見えてくるものがあるのではないかと思っています。今年は児童分野の方、緩和ケアやホームレスの支援をしている方々がシンポジストとして来てくれます。ぜひ、学会に入りたいという方はお声をかけていただければと思います。

平田　「ディアコニア」の授業が今年四月から始まるということですが、ぜひ現場で働いているうちの法人の職員たちも、ディアコニアとしての働き、キリスト教社会福祉とは何のためにこういう仕事をしているのかについて学び、そこから現場に出ていけるようになるといいと思います。また、社会福祉学科の学生たちが現場に出ない、現場に魅力を感じないのはなぜなのかも考える必要があります。それはキリスト教社会福祉が他の社会福祉とは違うというのをどれだけ鮮明に出しているのかということもあるでしょう。また、私たち自身が変わっていかなければならないところにも気づいて、また発信していけたらと思っています。

榎本　お三方の先生、ありがとうございました。

最後に、少し「ディアコニア」の説明をして終わりたいと思います。荒川先生がおっしゃってくださったことがベースになって、現場の人と神学部がもう少し繫がって、現場に行くことで学ぼうということから、このプログラムがスタートしました。「協力してもいいよ」という先生がいらっしゃいましたら、ぜひその現場に行っていろんなことを学ばせていただけたらと思っています。神学部にも、聖書学、歴史神学、実践神学など、多くの先生がいらっしゃいますが、来年には組織に入っていただいて、総合的に人間をどう見るのかというところを押さえながら、実践もしていけたらと思います。どこに人間の視点を持ちながら人を見てくのかということがキリスト教の根本にあると思いますので、アカデミックな議論のところと、現場の先生方と一緒に学ぶということをさせていただけたらと思っています。

私が同志社で「キリスト教社会実習」を教えていた時、ある女の子が小柳先生のところに行きました。ノンクリスチャンですが、その後もずーっと「いこい食堂」に行って、卒業後も、自分の給料で米を買って送っていたと小柳先生から伺いました。つまり、その子の価値観がすごく変わったのです。そういう意味で、価値観を変えていくということが、どこまで教育と現場を通してできるか、このプログラムでは力を入れていきたいと思っています。

私は公立の病院でカウンセリングを週に一回していますが、そこの看護師さんがこんな話をしてくれました。クリスチャンの患者さんの病室に牧師先生が来て祈ってもらう時はシャキンとしているのですが、牧師先生が帰ると、「あ～、しんどかった」とおっしゃったそうです。私はこの言葉を聞いて、そう言わせてしまう私らっていったい何かなと思ったんです。

イエス様が弟子の足を洗う、仕えるといいますが、足を見せるって、汚い部分ですよね。やはり足を見せたい人と見せたくない人がいるんです。足を見せてもいいってイエス様は思わせたそのすごさを改めて思いました。翻って私たちは「しんどいな、助けてや」と声をかけてもらえるような空気を醸し出しているでしょうか。そういうトレーニングを、理論的にもまた実践的にもこのプログラムを通してさせていただけたらと思います。

最後に、私が大好きなエイズの患者さんで、亡くなったのですが、アーティストの古橋悌地さんがこんなことを言っていました。

「みんなで一緒に見ることができる夢というのは、結局、リアリティということだ」

私たちは、リアリティを作っていく、出会いと共感とその場を提供していくことに、どうぞ現場の先生方もこれからご協力、ご指導をお願いします。

閉会礼拝

新しい出発を求めて——3本の釘の十字架[1]

式文構成・司式

中道基夫

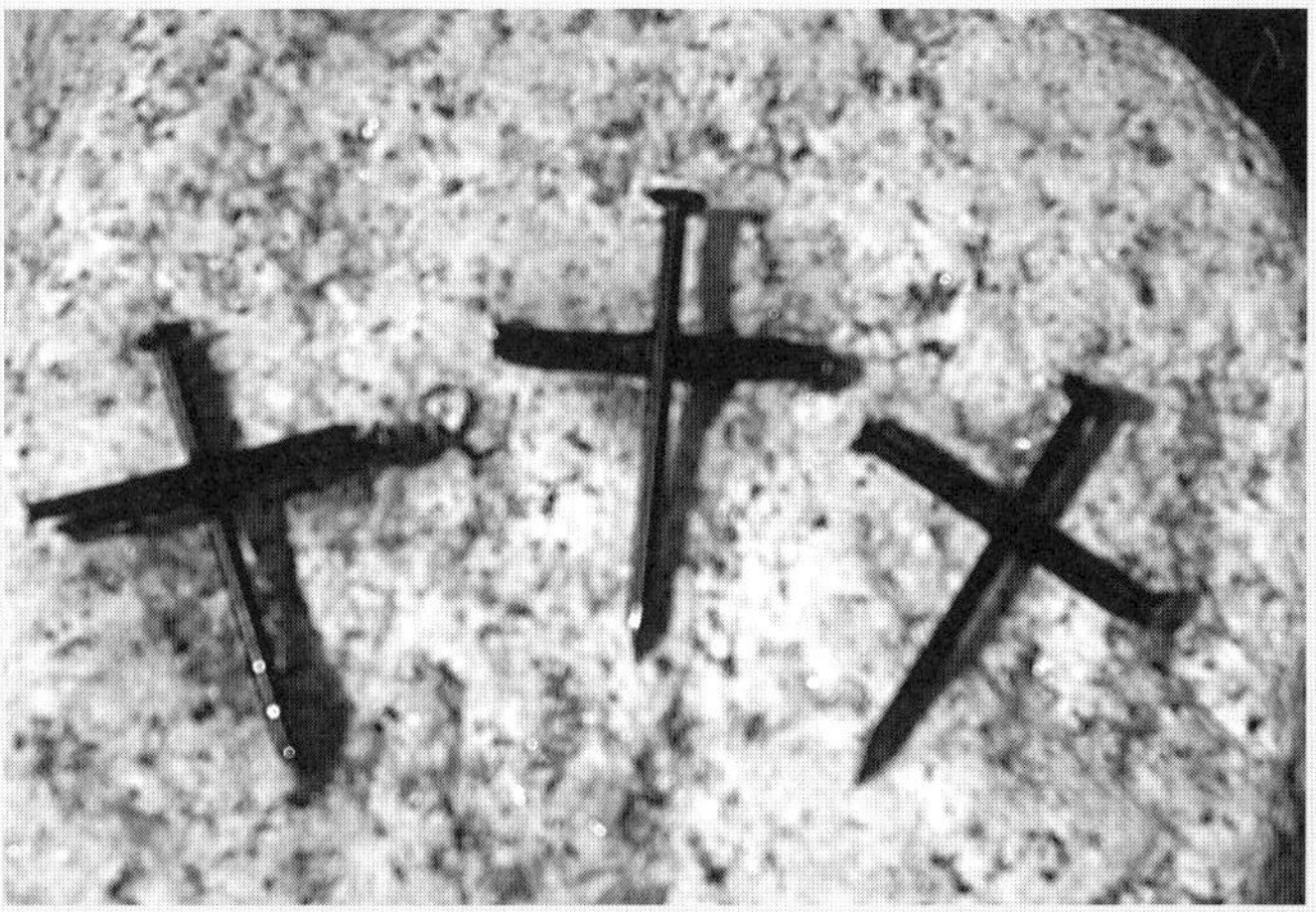

前　奏

招きの言葉

　この礼拝堂に入ってきた時に、三本の釘で作られた十字架を受け取られたと思います。この十字架は、コヴェントリー大聖堂にかかげられている平和と和解の象徴である「三本の釘の十字架」をイメージするものとしてお配りしました。この閉会礼拝において、昨日からのセミナーでの学びを振り返りつつ、新しい出発への力を得る時を持ちたいと思います。[2]

うた「愛するイエスよ[3]」(『讃美歌21』五一番)

十字架のメディテーション[4]

　このつめたく、かたく、とがった釘は、イエスを十字架にはりつけたように、人間に痛みを与え、そのからだと心に打ち込まれ、何かにわたしたちをはりつけ、そこから逃れられなくする力を持っています

1　この礼拝式文は、エキュメニカルな式文集 *Sinfonia Oecumenica* (Dietlich Werner他編、Gütersloher, 1998) に収録されている The Cross of Nails, Sing od Reconciliation をもとにして、今回の神学セミナーのテーマに合うように作り直したものです。

2　四、五センチメートルほどの三本の釘で十字架を作り、礼拝堂に入る前に参加者に配りました。

3　イエスによって礼拝に集められたことを覚えて、この賛美歌を歌いました。

4　礼拝堂の正面に映し出されたコヴェントリーの「三本の釘の十字架」の写真、また手

今日もどこかで人々が十字架につけられています。釘によって、人々を偏見、抑圧、不自由、無力化、侮蔑という十字架に人々をはりつけています。

わたしたちが人々の痛みに目をそむける時、わたしたちはこの釘を人々に打ち込み、苦しみという十字架にはりつけています。

わたしたちが自分の無言のさえぎりによって人々を疎外している時、わたしたちはこの釘を人々に打ち込み、偏見という十字架にはりつけています。

わたしたちが社会の変革を諦めてしまう時、わたしたちはこの釘を人々に打ち込み、不自由という十字架にはりつけています。

聖　書　**ローマの信徒への手紙六章五—一一節**[5]

もし、わたしたちがキリストと一体になってその死の姿にあやかるならば、その復活の姿にもあやかれるでしょう。わたしたちの古い自分がキリストと共に十字架につけられたのは、罪に支配された体が滅ぼされ、もは

に持っている十字架を見つめながら、わたしたちが十字架にはりつけられている状況についてのメディテーションを行いました。

5　十字架より解放され、キリストと共に生きる命がテーマである聖書テキストを選びました。

や罪の奴隷にならないためであると知っています。死んだ者は、罪から解放されています。わたしたちは、キリストと共に死んだのなら、キリストと共に生きることにもなると信じます。そして、死者の中から復活させられたキリストはもはや死ぬことがない、と知っています。死は、もはやキリストを支配しません。キリストが死なれたのは、ただ一度罪に対して死なれたのであり、生きておられるのは、神に対して生きておられるのです。このように、あなたがたも自分は罪に対して死んでいるが、キリスト・イエスに結ばれて、神に対して生きているのだと考えなさい。

三本の釘の十字架と和解のリタニー[6]

司式者　イギリスのコヴェントリー大聖堂とその町は、一九四〇年一一月にドイツ軍の空爆を受けて破壊されてしまいました。爆撃の数週間後のクリスマスに、この教会はこの悲劇への応答は「復讐」や「報復」ではなく、「赦し」と「和解」であることを確認したのです。若い司祭

6　このリタニーはコヴェントリー大聖堂で行われている和解の祈りの際に唱えられているものです。http://www.coventrycathedral.org.uk/wpsite/our-reconciliation-ministry/

が、その瓦礫となった教会堂の中から、一四世紀にこの大聖堂の建築のために用いられた三本の古い釘を拾い集めて十字架を作りました。そして、イエスの十字架上の言葉〝Father Forgive（父よ、お赦しください）〟と書かれた祭壇にそれを立てました。それ以来、そこは平和と和解の祈りの場となり、毎金曜日の午後に平和と和解のために祈りがささげられています。

このコヴェントリーの「釘の十字架の共同体」は世界中に広がり、世界各地でコヴェントリーの和解の祈りが祈られています。今日わたしたちも、金曜日の午後、共にこの祈りに心を合わせたいと思います。「父よ、お赦しください」という言葉は、わたしたちの罰の軽減ではなく、わたしたちをそこから解放する言葉としてとなえましょう。

司式者　国と国、民族と民族、人と人とに分裂をもたらす憎しみを

会　衆　父よ、お赦しください。

司式者　自分のものではないものを手に入れようとする人間と
　　　　国々の貪欲な思いを
会　衆　父よ、お赦しください。
司式者　他者の繁栄や幸福への妬みを
会　衆　父よ、お赦しください。
司式者　故郷や家を失った人々、避難民や仮設住宅に住む人々の
　　　　困窮への無関心を
会　衆　父よ、お赦しください。
司式者　からだと生活とを蝕み、滅ぼしていく依存的な行為を
会　衆　父よ、お赦しください。
司式者　神様ではなく、自分自身を信頼するようにとわたしたち
　　　　を惑わせる高慢さを
会　衆　父よ、お赦しください。

うた「絶望の中に　主はよみがえる」（アイオナ共同体）

想起の時[7]

森　　　去年四月から関西学院大学神学部大学院の修士課程

7　この礼拝ではあえて説教はせず、二人の参加者から、セ

で学んでいる森と申します。同級生の中には、学部から、またいったん社会人を経験してから入学してきた人たちがいます。わたしたちはそれぞれに課題、問いを持っています。この二日間、さまざまな現場で働かれている方々からお話を伺い、また教会や福祉の歴史を教えていただき、わたしたちは非常に励まされました。

　わたしは転勤などでいろいろな教会に通ってきましたが、しばしば何とも言えない違和感を抱くことがありました。その違和感は、「戦後の福祉国家の成立以後、教会は福祉的な役割を失ってしまった」と初日に木原先生がお話されたようなことに起因しているのではないかと感じています。身近なところに、たとえば離婚した友人、母子家庭、貧困の中にある人、高齢者、虐待を受けている子どもたち、そういうセイフティー・ネットにかかっていない人々を知る中で、「キリスト教会とはいったい何なのだろう。わたしたちは神学を学び、いったいこれからどうしていくのだろう」とこの一年間考えておりました。

ミナーを通して得たもの、考えたこと、そして課題として持ち帰るものについて話していただき、それぞれがセミナーでの学びを振り返りました。

そのような中で、今回、人間のいのちに一生懸命対応されている先生方のお話を伺えたことは、神様から与えられた恵みの時でした。また、小さくされている人、貧しくされている人、苦しめられている人について思い、いのちについてより深く考えさせられた時でもありました。「愛せないところから始まるんだ」というお話がありました。「生が達成である」、「神様がいのちを与えてくださった」と日々感じながらも、このことに気づくには時に苦しさがともないます。その苦しさをわたしたちは一度は体験するべきだと、わたしは思っています。

今回特に印象に残ったのは、小柳先生の「キリスト教という名前をつけなくても、やっていることを見れば分かるじゃないか」というお言葉でした。現在の多くの教会において、もう少しこういうところが増えていくべきではないかと思っています。そして現在、大学と教会内で学ぶわたしたちにも、神様から目の前の人に「今何をすべきか」ということが常に問われています。この問いをそれぞれのミッションとして、現場に出て行くのだと改めて感じました。また明日からの働きのために前に進んでいかれるお一人お一人のお働きに神様が共にいてくださり、常に励ましてくださるよう、お祈り申し上げます。

秋　山　ルーテル宮崎教会の牧師の秋山です。牧師になってからずーっと「ディアコニア」という言葉を使ってきた者として今思っていること、セミナー中ずっと考えてきたことがあります。さまざまな実践が先生方から紹介されたのですが、その中で「ディアコニア」とは何だろうということを考えてきました。

ボンヘッファーは「ディアコニア」という言葉を「Dienst」（勤め）と訳しています。英語では「Social ministry」といいますが、分かったようで分からない言葉です。

小柳さんが言われたように、理屈ではない部分があるということを感じつつも、言葉化しなければ「何でもあり」になってしまうのかなと思う一方で、言葉化して僕らが分かったようになってしまうとすれば、またそれは大きな間違いだなとも思います。ルーテル教会の中で「ディアコニア」という言葉はわりと使われてきたと思いますが、「障がい者のお世話をすることね」で終わってしまうことが多いんです。本当にそうなのか。そういう言葉遣いでいいのか。教会とは何か。ディアコニアとは何か。そういうことをもっと深めて問うていかなければならないのではないかということを思っています。

このセミナーでいろいろな実践のお話を聞きながら、言葉化できるとしたら、どういう言葉が適切なのか、でも、その言葉化したもので満足してしまわないで、もう一回実践から、教会とは何か、ディアコニアとは何かということを問い直し、絶えずその言葉を壊していく、そういう作業がひょっとしたら必要なのではないかと考えていました。また、このことについて多くの人々と意見を交わすことができたことは、わたしにとって大きな機会だったと思います。

最後に、神学部でディアコニア・プログラムがスタートするわけですが、どうか理論に終わらない、しかし、実践の紹介だけでも終わらないで、ディアコニアとはわたしにとって何か、教会とは何か、キリスト教とは何か……そんな問いを問い続けていくようなプログラムであってほしいと思っています。

越えていくことを求める祈り

司式者　わたしたちを分裂させるあらゆる隔たりを越えるために
会　衆　主よ、あなたの十字架でわたしたちに勇気を与えてください。
司式者　貧富の隔たりを越えるために
会　衆　主よ、あなたの十字架でわたしたちに分かち合う喜びを与えてください。
司式者　互いの憎しみや偏見を越えるために
会　衆　主よ、あなたの十字架でわたしたちに赦し合うことの平安を与えてください。
司式者　互いの違いを乗り越えていくために
会　衆　主よ、あなたの十字架でわたしたちに理解する力を与えてください。

司式者　互いに愛することが難しいという壁を越えていくために
会　衆　主よ、あなたの十字架でわたしたちが愛されていることを教えてください。
司式者　共に生きることを妨げるすべての障壁を越えていくために
会　衆　主よ、あなたの十字架でわたしたちを一つにしてください。
司式者　教会の中にある信仰と実践とのわだかまりを越えていくために
会　衆　主よ、あなたの復活の力で、わたしたちがはりつけになっているものから、わたしたちを解放してください。
一　同　十字架と復活の主の御名によって祈ります。アーメン

連帯のしるしとして[8]

わたしたちの痛みと苦しみ、そして神の癒しと和解を互いに分かち合うことの象徴として、お近くの方と、ご自分が持っている十字架を交換しましょう。

8　手にしていた十字架に対して、まるで自分の十字架のような愛着がわいてきますが、それをあえて交換し合うことによって、互いの課題、痛みや苦しみ、癒しや和解を共に分かち合い、担い合うことをシンボリックに経験しました。

うた「さあ、共に生きよう」（『讃美歌21』四一九番）

祝　祷[9]

司式者　エジプトやバビロンから人々を解放された神が、
会　衆　この世の問題や課題について考え、嘆く教会から、いのちや解放を共に喜び祝う教会に変えてくださるように。
司式者　十二弟子をこの世へとつかわされたイエスが、
会　衆　わたしたちにも、悪霊を追い出し、病人を癒す力を与えてくださるように。
司式者　この世へとわたしたちを派遣する聖霊が、
会　衆　わたしたちに新しい言葉、新しい歌を与えてくださるように。アーメン

後　奏

9　このセミナーでの学びを踏まえ、わたしたち一人一人がこの世界に遣わされるにあたって、神・イエス・聖霊からどのような力をいただきたいのかということを考え、祝祷としました。それぞれの言葉が、聖書の物語を背景に持っています。

あとがき

二〇一五年二月一二日（木）から一三日（金）にかけて開催された第四九回神学セミナーの内容を、関西学院大学神学部ブックレット第八号として刊行することができ、心より感謝いたします。

今回の神学セミナーは、昨年と同様、神学部設立一二五周年記念事業の一環として、「教会とディアコニア」という主題で開催されました。今回の主題が選ばれた背景には、神学部が一二五周年を機に、社会のさまざまな領域での活動を志す人材育成をめざして、大学と現場が連携したディアコニア・プログラムが二〇一五年度より新たに始動することを視野に入れています。

最初に同志社大学社会学部の木原活信教授が、「教会と社会福祉——今求められるものは」と題する主題講演において、教会のミッションとしてディアコニアを位置づけ、「キリスト教と社会福祉」の「と」という課題をめぐって語られました。さらに、日本における社会福祉とキリスト教の関係の変遷史を辿る中から、現代において新しい公共圏でのキリスト教による福祉実践の可能性について、具体的な実践例を紹介しつつ展開されました。

主題講演に続いて、人間福祉学部の藤井美和教授は、「苦しみと寄り添い——人への関わりとは」と題して、全人としての人がもつ痛みとの関連でスピリチュアルペインの特徴について分析され、そのような苦しみと共感して関わることの必要性と「寄り添い」の重要性について語られました。また、神学部の岩野祐介准教授より「日本キリスト教史とディアコニア」と題して、日本キリスト教史から内村鑑三のディアコニア体験の特徴について詳細に述べられ、また奉仕者としての座古愛子の働きについても語られました。

さらにシンポジウムでは、神学部の榎本てる子准教授の司会で、社会福祉や釜ヶ崎の現場で働いておられる方々からの発題が行われました。イエス団愛隣館研修センターの平田義所長は、「障がい者施設のミッションとは」と題して、その取り組みについて語られ、また結いホーム宝塚の山本誠園長は、「聖隷福祉事業団　宝塚せいれいの里」と題して高齢者施設の働きを紹介され、そして釜ヶ崎キリスト教協友会の小柳伸顕牧師から「人を人として」と題して、釜ヶ崎の協友会のエキュメニカルな歩みと取り組みについて語られました。セミナーを通して、共に歩み、仕えるディアコニアの意義について学び、課題を共にわかちあう豊かな機会が与えられました。

最後に、講演・発題だけではなく、この小冊子作成のために原稿を提出してくださった方々に厚くお礼を申し上げます。また、テープ起こしや編集の作業をしてくださった神学部補佐室のみなさん、及び出版にご協力をいただいたキリスト新聞社にも心から感謝いたします。

二〇一四年度学内講座委員長

神田健次

関西学院大学　神学部・神学研究科

多様な宣教の課題に奉仕する力を身につける

関西学院大学神学部は、伝道者を育成するという目的で、1889年、関西学院創立とともに開設されました。2014年に125周年を迎える歴史ある学部です。
キリスト教の教会や文化の伝統を学びつつも、それを批判的に検証する力も養います。神学的視点から現代の人間や社会の課題にアプローチすることも教育の課題です。また、実践的なカリキュラムを通して伝道者としての深い専門知識とスキルを身につけることができます。

Point1　豊かな人間性と高い教養をはぐくむ基礎教育やチャペルを重視

Point2　高度な専門研究と広範な学際研究で「人間」や「社会」にアプローチ

Point3　現代の課題に対応した多彩なカリキュラムと徹底した少人数教育

Point4　フィールドワーク・演習授業を通して社会と教会に仕える人材の育成

Point5　総合大学ならではのメリットを生かした幅広い学びが可能

装丁・編集・DTP制作：雑賀編集工房

関西学院大学神学部ブックレット 8
教会とディアコニア
——第49回神学セミナー

2016年1月25日　第1版第1刷発行

編　者　関西学院大学神学部
著　者　木原活信、藤井美和、岩野祐介
平田 義、山本 誠
小柳伸顕、中道基夫

発行所　キリスト新聞社
〒162-0814　東京都新宿区新小川町 9-1
電話 03-5579-2432
URL. http://www.kirishin.com
E-Mail. support@kirishin.com
印刷所　協友印刷

ISBN978-4-87395-693-0　C0016（日キ販）